세수할 줄 모르는 미인

현 대 수 필 가 1 0 0 인 선 · 98

세수할 줄 모르는 미인

최병호 수필선

좋은수필사

■ 책머리에

수필은 누구나 부담 없이 읽고, 마음만 먹으면 직접 쓸 수도 있는 가장 친근한 문학이다. 다른 영역의 문학이 영상매체에 밀려 신음하고 있는 중에도 수필 인구만은 날로 증가하여 바야흐로 수필 전성시대를 구가하고 있는 이유도 거기에 있을 것이다.

시대적 추세에 힘입어 수많은 수필전문지, 수필동인지가 창간되고, 이에 비례하여 신진 수필가도 날로 늘어나다 보니 이제는 그 많은 작가, 그 많은 작품 중에서 문학성 높은 작품을 가려 읽는 일이 쉽지 않게 되었다. 이런 현상은 작가에게나 독자에게나 결코 바람직한 일이 아니다. 더 나아가서는 수필을 연구하는 후세들에게도 큰 부담이 될 것이다.

이런 문제를 해결하는 데는 출판인도 마땅히 한몫을 감당해야 한다는 평소의 소신에 따라, 본사가 기꺼이 그 역할을 맡기로 했다. 그 첫 번째 사업으로 시대를 대표할 만한 수필가 100인을 선정하고, 작가가 자선한 40편 내외의 작품을 수록한 문고본을 발간하여 이를 널리 보급함으로써 그 소임을 다하고자 한다.

본사는 사명감을 가지고 이 사업을 추진해 나가기로 했다. 작가 선정을 전담할 편집위원회를 구성하고 전권을 위임하여 일체의 사적인 정실이나 청탁을 배제함으로써 전문성과 공

정성을 확보해 나갈 것이다.

따라서 이 기획물 속에는 작가의 문학정신뿐만 아니라, 본사의 문학사적 기여 의지와 편집위원 제위의 수필문학에 대한 애정과 문인으로서의 양심이 함께 담겨 있음을 자부한다. 다만, 작가를 선정하는 기준에는 많은 견해의 차이가 있을 수 있고, 선정 과정에서도 미처 챙기지 못한 부분이 있을 것이라는 사실만은 인정하지 않을 수 없다. 이 점에 대해서는 관계자 여러분의 양해 있으시기 바란다.

이 시리즈의 발간 순서는 작가, 또는 본사의 사정에 의한 것일 뿐 그 밖의 어떤 기준도 적용하지 않았음을 밝힌다.

본 기획물이 시대를 초월한 많은 수필 애호가들의 관심과 애정 속에 우리나라 수필문학 발전에 한 이정표가 되기를 바랄 뿐이다.

2011년 8월

좋은수필 발행인 서 정 환

현대수필가 100인선 간행 편집위원 박 재 식 최 병 호

정 진 권 강 호 형

변 해 명

1_부

2_부

3_부

4_부

1부

부부도

사양 노을

그러나, 그렇지만

손 선생 이야기

인생은 산보처럼

보리밥

세수할 줄 모르는 미인

음악은 흐르는데

부부도(夫婦圖)

ㅂ선생으로부터 뜻밖의 복사물을 하나 받았다. 김동석의 〈부부도〉다. 원본 탓인지 복사물이 온통 거무스름하다. 그런 대로 오랜만에 대하는 세로 행렬의 활자들이 정답게 느껴진다. 그동안 익혀진 가로 읽기의 눈길을 바로 세워 회고처럼 일별해 본다. 아련한 기억이 쌓인 먼지를 털고 복사물과 뒤엉킨다.

그땐 닥치는 대로 읽었다. 뜻이 통하지 않으면 않는 대로 글자만이라도 읽어댔다. 책장 넘기기에 불과한 그런 짓을 고지 먹은 일처럼 열중했다. 〈부부도〉는 그렇게 넘어간 흘러간 읽을 거리 중의 하나다.

부부도면 길 도(道) 자를 써야지 왜 그림 도(圖) 자인가? 아마 오식일 거야. 당시 나는 그런 수준의 중학생이었다. 그러나 남녀를 하늘과 땅에 비유하고 '내가 怒髮이 衝冠할 지경에 이르러도 안해는 덩달아 골내지 않고 되려 微笑로써 對한다. 그러면 나의 怒氣는 避雷針 만난 벼락처럼 땅속으로 끌리어 들어가듯 스러지고 만다.' 하는 대목에서 얼마나 고개를 끄덕거렸는지 모른다.

그 같은 감동이 어디에 그리 묻혀 있다가 한 세대도 넘는 시공을 선뜻 뛰어넘어 이 복사물을 감도는가! 신기하고 놀라운 일이었다.

ㅂ선생의 호의는 수필문학 세미나 때 사석에서 잠깐 나눈 얘기가 그 계기겠지만 어찌 보면 나더러도 나의 부부도를 하나 그려보라는 권유로도 해석된다.

아내에게 복사물을 주었다. 독후감은 간결했다. "당신과 나 같네요. 당신은 언제나 하늘이었고 나는 땅 아니었어요?" 조금은 심드렁한 목소리다. 그랬던가? 내가 아내의 하늘이라? 도무지 실감이 되지 않는다. 더구나 뇌성벽력을 치는 하늘임에랴.

하늘은 완벽의 권화다. 절대의 상징이다. 사람은 하늘일 수 없다. 인격이나 학문이나 능력이 출중한 사람들은 그를 추앙하는 사람들에 의해서 작은 하늘이 될 수 있다. 사람이란 어찌 보면 이렇듯 추앙하고 추앙받는 관계 가운데 있는 존재인지도 모른다. 하지만 그게 하늘과 땅이라면 너무 거창한 느낌이다.

나는 변화를 타는 기민성이 없다. 게으름과 무딘 시류 감각 때문이다. 무엇이든 그렇게 변하지 아니치 못할 긴박성에 쫓기지 않는 한 대체로 몽그작거린다. 아내는 이를 매우 답답해 한다. 따라서 우리의 부부도는 나의 그 답답함을 풀어 나가는 아내의 역동성이 빛깔의 주조가 될 수밖에 없다.

어딜 다녀오기나 할 때, 의류매장 앞을 지나게 되면 아내는 애들 옷가지나 살 것처럼 잠시 들르자고 한다. 여기저기 돌아보다가 신사복부에 이르면 매장 아가씨와 담합이라도 했던 것처럼 얼렁뚱땅 새 옷을 입히고 만다. 나는 신용카드를 내놓을 수밖에. 이런 식으로 아내는 나의 상록수 몰골을 낙엽수로 치장하고 있다.

식탁문제만 해도 그렇다. 집을 지은 후 어머니와 내가 겸상을 하고 아내와 아이들이 또 한 상을 차지했던 전통이 흔들리기 시작했다. 부엌이 거실에 이어지는 주방으로 격상되는 데 따른 변화다. 안방에 큰 상을 놓고 작은 상으로 음식을 나르더니 그 큰 상이 거실로 때로는 주방으로까지 옮겨졌다. 마침내 식탁의 합리성이 제기되었다. 아무러면 명색이 사대부 후손이 붙박이로 부엌에서 밥을 먹을 수야 있나? 함구로 일관했다. 아이들이 아내 편으로 가세하고 나섰다. 어머니의 원호까지 있었다. 나는 다수결에 승복하는 민주 인사가 될밖에. 어떻든 아내 덕에 나는 식당을 따로 갖는 상류층 호주가 된 것이다.

오케스트라의 지휘자는 오래 산다고 한다. 지칠 줄 모르는 지휘 동작 때문이다. 나는 아내의 빨래 작업을 곧잘 이에 비유했다. 손, 팔, 어깨, 고개, 허리 등의 통합적 몸짓이 오케스트라 지휘자에겐 예술을, 아내에겐 청정을 창조케 한다고. 그 성취의 기쁨이 바로 건강의 원천이라고. 그러나 아내는 하늘 같은 나의 원려를 인정하지 않았다. 오히려 어깨의 에스오에스를 전했다. 어머니의 노환이 양산한 빨랫감에 그만 좌초의 위기를 맞은 것이다. 아내는 아픈 어깨의 팔을 간헐적으로 흔들어 댔다. 황급히 세탁기를 모셔올밖에. 결국 문명의 이기가 하나 더 추가되는 발전을 가져왔다.

아내의 말을 빌리면 우리 집은 여러모로 뒤진 집안이다. 나의 상록수 기질 때문이다. 나는 농사꾼의 아들이고 아내는 장사꾼의 딸이다. 아내는 어수룩한 농촌의 물정이 답답하고 나는 분명한 도시의 계산이 씁쓸한 것이다. 이런 차이가 발전과 정체에 관한 말 한마디의 풀이에도 짙고 옅음을 나타냈다.

박씨 성인 아내는 시집와서도 오랫동안 박가였다. '출가외인'이란 말은 처가 어른들의 당위적 허사일 뿐, 내 편에서 보면 '입가외인'이었다. 내 앞에서 어머니는 늘 '당신 어머니'였다. 아이들 앞에선 '니네(너희) 할머니'였다. 일호의 오류도 없는 정확한 지칭이다. 그런데도 섭한 마음이 으스름처럼 지나가는 것은 내가 어수룩한 촌뜨기여서인가?

서양에선, 아니 가까운 일본에서도 결혼하면 신부는 남편의 성을 따른다. 여필종부의 구현이다. 우리 조상들은 말과는 달리 수지부모한 성명을 영원히 간직하게 했다. 남녀평등에 관한 선견의 명이 아닐 수 없다. 나는 이 나라 사람의 자손이다.

싸목싸목 아내에게 변화가 왔다. 특히 어머니의 노환을 간

호한 후, 일전되었다. 하루에도 몇 번씩 대소변을 받아내고 몸을 닦아 드리는 힘겨운 일 속에 고운 정 미운 정의 교류가 그만큼 절실했던 것 같다. '당신 어머니', '니네 할머니', '시어머니'가 언제부터인가 자연스럽게 '우리 어머니'로 바뀌었다. 비로소 박씨가 최가로 접목된 것이다.

어머니가 가시던 날, 아내는 유난히도 슬피 울었다. 염하는 분이 마지막 목욕을 건성건성 했을 때, 뜻밖에 아내가 재빨리 달려들어 깨끗하게 닦았다. 주위 사람들의 시선이 휘둥그래졌다. 나는 넋 나간 사람처럼 멍하니 바라보고만 있었다.

아내는 어느새 아이들은 물론 어머니까지도 그녀의 하늘로 끌어안았다. 나 역시 아니라고 큰소리는 치지만 상당 부분 아내의 영지에 들어선 느낌이다. 만일 내가 하늘로 자처하고 뇌성벽력을 친다면 아내는 그에 못지않은 화산을 폭발할 것이다. 우리 부부는 이렇게 살고 있다. 부끄러운 〈부부도〉다.

이 같은 글에 대한 아내의 기상이 궁금하다. 그러나 이게 ㅂ선생의 호의에 대한 작은 보답으로 면책되었으면 싶다.

(1993)

사양 노을

우리는 거의 같은 시각에 태조봉 꼭대기에서 만난 사이다. 우리라고 해야 고작 셋 아니면 넷인 작은 그룹이다. 산에 오르는 사람들이 대개 그렇듯 우리도 '아직은 마흔아홉'임을 자긍하고 있는 편이다. 머리카락 사이사이로 슬그머니 끼어든 하얀 불청객만 묵살할 수 있다면 오히려 '아직은 서른아홉'인 피둥피둥한 얼굴들이다.

한도다방 마담에 대해서도 그렇다. 말은 안 했지만 적어도 마담을 주재할 수 있는 사람은 각기 자기뿐이라는 생각을 했다. 우리가 그 다방의 단골이 된 것도 사실은 그런 연유의 야합이라 할 수 있다.

태조봉을 오르내리는 시간은 건성 한 시간 반 정도다. 산 높이가 얼마나 되는진 알아보지 않았지만 숨 가쁜 서너 군데의

가파른 코스 때문에 꼭대기에 오르면 백두산에라도 오른 것 같은 기분이 된다. 끈끈히 밴 땀에 흡족한 미소를 띠우면서.

네 시라면 새벽이라기보다는 밤중에 속한다. 우리는 그런 시각에 집을 나섰다. 제사 자시러 온 혼백이 닭소리에 놀라 황망히 유택으로 돌아가듯 우리는 신들린 사람처럼 자리를 박차고 일어났다. 그럴 수 있는 부지런함과 스태미나에 더없는 자홀감(自惚感)을 만끽하면서 산엘 오른 것이다.

체조가 끝나면 금방 얘기꽃이 핀다. 입원한 동년배들의 문병에서 느낀 애처로움, 허무감…… 시인이 따로 있는 게 아니었다. 일찍이 자신에게도 왔던 유사한 위기를 그런대로 잘 넘긴, 자신의 기민한 판단과 대응을 새삼 천행으로 생각하면서 건강, 건강이 최고임을 되뇌는 것이다.

몸에 좋다는 풀과 열매는 들먹이지 않는 것이 없다. 몸에 이롭다는 생선에 대해서도 줄줄이 모르는 것이 없다. 다만 한 때는 그 포식을 행복의 척도로 과시했던 육류에 대해선 아무런 말이 없다. 홍문화, 유태종 박사가 무색할 정도의 실력들이다.

등산은 오르는 일보다 정상에서의 체조가 더 좋고 체조보다 다투어 나눈 방담이 더 신나는 것인지 모른다. 다들 입심만은 '아직은 스물아홉'이다.

정상에서 시내를 굽어보면 불빛 바다다. 크고 작고, 높고 낮고, 밝고 흐리고, 노랑, 빨강, 파랑, 색색의 빛덩이들이 얼키고 설키고 더러는 은하수처럼 가로질러 흐르고 있다. 이따금 이

리저리 움직이는 불빛들은 아직도 어둠 속에 묻힌 까만 의식을 불러일으키는 전령인가? 불빛은 깬 의식 같다.

산길은 오르는 길보다 내리는 길이 더 조심스럽다. 그런데도 헛디뎌 넘어진 일이 별로 없다. 그만큼 시력이 좋은 탓인가? 길든 탓인가? 아니, 깬 의식이 등불이 된 탓인가? 나는 이런 유의 생각들을 되새기면서 일행의 꼬리에 붙어 조용히 하산하곤 했다.

한도다방은 산자락을 벗어나 포장길에 들어선 후 한 오백 보는 걸어야 당도한다. 우뚝 선 빌딩의 지하실이다. 집에 가기 전에 잠깐 들르기엔 적당한 위치다. 변두리 다방답게 식구도 마담과 아가씨와 아줌마 셋뿐이다.

우릴 불쑥 그곳으로 인도한 건 이 선생이다. 이 선생은 마담이 ㅅ여대 출신이라고 했다. 어쩌다 다방을 시작했지만 그런 일을 하기엔 객관적으로 아까운 사람이라고 안타까워했다. 객관적? 과연 마담은 좋은 인상이었다. 훤칠한 키에 토실한 양감이 우선 눈을 편안하게 했다. 잘 손질된 헤어스타일이 갸름한 얼굴을 더욱 돋보이게 하고 웃을 때마다 살짝 내비치는 고른 치열을 눈부시게 했다.

뜻밖에 커피는 밤을 지샌 재탕이었다. 그런데도 누구 하나 불만을 토로한 사람이 없었다. 그 힘이 무언가? 갑자기 판단중지론자라도 된 것인가? 화제는 오직 마담의 사업이 잘 되기를 바라는 격려로 귀일되었다.

이튿날부터 우리는 한도다방의 새벽을 여는 커피그룹이 되었다. 그러나 다섯 시 반이나 그런 시각에 마담은 빈번히 일어나질 못했다. 불이 켜진 날보다 문을 두드려 불을 켜게 하는 날이 훨씬 많았다. 커피 맛은 좀처럼 나아지지 않았다. 박 선생의 구수한 인생 얘기가 이를 커버했다. 이 선생의 좀 무뚝뚝한 말씨엔 마담의 미간이 살짝 찌푸려졌고 과묵한 조 선생은 이 모든 것을 다 보면서 빙긋이 웃기만 했다.

어느 날인가 산에서 내려오니 뜻밖에 다방 외등까지 휘황하게 밝혀져 있었다. 무슨 일인가? 한결 가벼운 마음으로 홀에 들어섰다. 박 선생과 마담이 마주앉아 얘기꽃을 피우고 있었다. '너무 늦어서 그만……' 박 선생의 변명이다. 어김없는 사실일 터이지만 그날 따라 아가씨도 아줌마도 홀에는 없었다. 자연히 농염한 농담이 폭발할밖에. '다 헛된 일, 마지막 웃는 자는 결국 나일 거요.' 이 선생도 조 선생도 다투어 자신감을 피력했다. 이후 어찌된 일인지 박 선생의 선행 사례가 심심찮게 돌려졌다. 나도 그 축에 끼었던가?

한참 후의 일이다. 이 선생이 느닷없이 한도다방의 졸업을 제의했다. 대학 출신도 아닌 마담을 위해 언제까지 그 소태 같은 커피를 마셔야 하는 거냐고 그 이유를 밝혔다. 모두들 웃기만 했다. 내가 '그건 너무 주관적……' 하고 이의를 삽하려 하자 이 선생이 재빨리 "그럼 최 선생만 거기 나가시오. 마담 실컷 사랑하고……" 하는 식으로 입을 봉해버렸다. 다 함께 웃음이 터졌다. 우리는 다시 이 선생의 안내로 그 이름도 '달동네'인 또 하나의 변두리 다방으로 커피 파티 장소를 옮겼다.

나이 탓인지, 사정 탓인지 태조봉에 모이는 시간이 자꾸 틀려지기 시작했다. 박 선생이 갑자기 골프를 시작했고, 조 선생은 허리를 다치고, 나와 이 선생 둘만의 그룹이 되었다. 이내 나도 타군으로 전출이 되어 태조봉과는 연이 멀어졌다. 자연스럽게 한도 그룹인지 달동네 그룹인지는 해체되고 말았다.

몇 년 후, 나는 다시 본거지로 전입이 되었다. 어느 오후 불현듯 태조봉엘 올랐다. 새벽길 같지 않게 낮길은 무척 멀게 느껴졌다. 그동안 길도 좀 넓혀지고 가로등까지 세워져 있었다. 조금은 체육공원의 꼴이 갖추어졌다. 아무도 없는 태조봉 꼭대기, 체조 대신 스툴에 앉아 쉬는 것으로 시간을 보냈다. 뭐라 말할 수 없는 적요감이 명상처럼 눈을 감게 했다.

국수집이 되어 버린 한도다방, 주인이 바뀐 달동네 다방, 동년배들은 물론 젊은이들에게도 무엇이든 다 질 수 없다던 조, 이, 박 선생, 그래서 한도다방 마담 같은 미희는 결국 자기가 주재할 수밖에 없다고 자신감에 넘치던 그 패기(?) 등등이 한데 얼려 묘한 정회를 불러일으켰다. 한도 그룹을 복원해야지. 마담을 어떻게 한다?

되돌아오는 길은 어느새 붉은 해가 서산 마루에 걸린 석양, 사양의 고운 노을이 서쪽 하늘을 가득 메웠다. 나는 한참 동안 이를 가만히 지켜보았다.

(1994)

그러나, 그렇지만

대학하면 성대를 생각하고 성대하면 손우성 선생님을 생각한다. 성대는 내 학교교육을 마무리했던 곳이고 손 선생님은 내 인생을 크게 향도했던 분이기 때문이다.

50년대 중반, 6 · 25 참화의 잿더미 속에서 순수와 탐미주의를 열강하시던 손 선생님. 실의와 방황과 절망의 와중에서 자유, 선택, 책임, 성실의 문학을, 아니 그 같은 자주인생을 가르쳐 주시던 손 선생님. 지금도 '진리는 사는 것', '내 인생은 내가 사는 것', '인생은 의욕', '인생은 부조리하고 힘든 것, 그러나 한번 해볼 만한 것'이라는 등등의 말씀이 귓전에 쟁쟁하다.

선생님의 교수 방법은 유다른 데가 있었다. 어떤 항목의 설명에 우리가 쉽게 빠지는가 싶으면 금방 '그러나' 하고 반론을 펴셨다. 그 반론의 진지한 내용에 어느새 또 우리가 기우는가 싶으면 다시 '그렇지만' 하고 반전, 강의가 끝났을 땐 결국 '그러나', '그렇지만'이 몇 번이나 되풀이되어 있을 뿐, 결론은 항상 우리가 찾아야 할 과제로 남아 있었다. 내 대학생활은 어찌 보면 내내 이 같은 패턴의 훈련이었고, 그것은 오늘까지도 나의 정감과 생각을 가다듬는 방법론으로 정착된 것이 아닌가 싶다.

선생님의 기대에 부응하지 못한 채 어느새 나이만 먹었지만, 멀리서나마 선생님께서 예나 다름없이 강의와 독서와 사색과 저술로 노익장의 나날을 새롭게 하고 계심을 볼 때 더없는 행복감에 젖는다. 선생님의 건승은 그 자체가 내겐 용기요 희망이기 때문이다. 더구나 팔순을 기념하는 선생님 문집에 변변찮은 글월이나마 한 장 올릴 수 있다는 것은 그대로 축복이요 영광이 아닐 수 없다. 나는 이에 우리 동기생들만이 아는 한두 일화를 피력함으로써 선생님에 대한 경모의 정을 더하고자 한다.

6·25의 참변은 연구 문헌은 물론 일상 교재의 공급까지도 예외 없이 어렵게 했다. 손 선생님은 시간마다 타자로 친 프린트 교재를 손수 가지고 오셨다. 그 중 몇 개는 문리대 고학생회가 만든, 그런대로 조촐한 책자였다. 그러나 그 책자의 대금은 제품의 허술함과는 관계없이 고학생들의 직접적인 생계였다. 어느 날 선생님께선 그 고학생회가 만든 교재를 나누어 주시곤 "어렵겠지만 교재대는 무슈 최에게 좀 내줘요. 학생들의 생활

이 말이 아니어요. 지난번엔 내 부담이 좀 많았어요." 라고 말씀하셨다. 난 그때 과의 심부름을 하는 입장이어서 수금 실적에 대한 자책과 더불어 뭐라 말할 수 없는 찡한 감동을 받았다. 동기생들도 모두 할 말을 잃은 채 숙연해졌다.

선생님은 그 무렵, 조그맣고 둥근 알의 단조로운 구식 검은테 안경을 쓰고 계셨다. 강독하시다가 안경 너머로 우릴 넘겨보실 땐 공연히 움칠했던 기억이 생생하다. 그런데 그 안경의 바른쪽 다리가 어찌되었는지 선생님은 언제부터인가 바른쪽 다리 대신 실을 달아 사용하고 계셨다. 비록 실다리지만 그것이 시력 보완과는 무관한 탓인지 선생님은 그 불균형을 전혀 괘념치 않으셨다. 남학생들은 선생님의 그 대범을 이어받은 듯 그냥 무심했다. 그런데 어느 날 김재원, 남영란 두 여학생이 선생님의 안경을 걱정하고 나섰다.

"무슈 최, 우리 손 선생님 안경 하나 사 드려요."

여학생다운 섬세한 정이었다. 방법을 숙의 끝에, 두 아가씬 명륜다방으로 먼저 가고 내가 선생님을 모시고 뒤따르기로 했다.

"선생님, 바쁘시지 않으시면 영란과 재원이 차 한잔 대접하고 싶다는데요. 명륜 다방입니다."

선생님은 쾌히 응낙해 주셨다.

그 무렵, 다방의 주 품목은 커피와 홍차와 밀크였다. 대체로 남자는 커피, 여자는 밀크를 마셨다. 홍차의 경우는 남녀 관계

없이 그때그때의 상황에 따라 두루 시켜졌다. 두 아가씬 여느 때대로 밀크를 시켰다. 선생님은 뜻밖에도 "우리가 외국에서 커피를 사다 마실 형편은 아직 아냐, 나 혼자라도 삼가야지."하시면서 홍차를 주문하셨다. 나도 망설임 없이 홍차족이 되었다.

"좌우간 기를 쓰고, 의욕을 가지고 열심히 하라."는 격려의 말씀을 한참 들은 후, 어렵사리 재원이 본론을 말씀드렸다.

"내 안경이 보기 흉하던가? 그렇담 바꿔야지. 그렇지만 걱정 말아요. 그럴 돈이 있으면 책이나 하나 더 사 봐요. 학생들은 타 쓰는 사람, 난 버는 사람이야. 좌우간 고마워, 고마워."

선생님은 만면에 미소를 짓고 일어나셨다.

이튿날, 우리는 서로 옆구리를 찔러 가며 선생님을 훔쳐보는 은밀을 즐겼다. 알도 크고 테도 굵직한 안경이 선생님의 안면을 가득 채우고 있었기 때문이다. 어쩐지 낯설기만 했다. 선생님께선 새 안경이나 실다리 안경이나 시력 보완엔 다를 바 없어서인지 우리들의 은밀한 눈짓 따위엔 전혀 괘념치 않으셨다. 강독의 톤만 더욱 높아졌다.

우리의 그 작은 성의를 끝내 뜻만 받으시고 그것을 오히려 면학을 부추기는 계기로 삼으시니 우리는 또 한 번 숙연해지지 않을 수가 없었다.

선생님의 문하를 떠난 지 어언 사반 세기, 그동안 나는 한 교사로서 학교교육과 연관된 부교재니 가정교사니 하는, 일련의 찜찜한 사안들을 접할 때마다 '그러나, 그렇지만'을 수없이 뒤척이는 가운데 그런대로 선생님의 체온에 안길 수 있었으니 얼마나 다행인지 모른다.

선생님께 새삼 큰절을 올리고 싶다.

(1985)

손 선생 이야기

나는 그를 손 선생이라 불렀다. 수업을 하지 않고 있는 점으로 보아 교원이 아닌 것은 분명했지만 그렇게 부르는 것이 편안했다. 그는 실과 선생들과 똑같은 작업복을 입고 실습생은 물론 더러는 선생들에게도 무엇인가 지시 같은 것을 하기도 했다.

그가 근무한 학교는 재벌이 운영하는 조그마한 학교다. 실습농장이 하도 넓어서 농장에 학교가 붙어 있는 것인지 학교에 농장이 부설되어 있는 것인지 좀 애매한, 그러한 학교다. 직원들도 교원보다 교원 아닌 사람들이 훨씬 많다.

본관 앞 정원은 색조 짙은 한 폭의 그림이다. 잘 손질된 갖가지 나무들과 알맞게 배치된 바윗덩이들이 분수대를 중심으로 힘찬 코러스를 내쏟고 있다. 수시로 꽃들이 바꾸어 핀다.

녹음의 차분한 변용이 내밀한 생명감을 날로 짙게 한다. 요소마다 버티고 선 기암이나 괴석들이 수호신인 양 믿음직스럽다. 저절로 거닐어 보고 싶은 유혹을 받는다.

본관 뒤로 좀 떨어진 곳에 화원들이 있다. 난원, 분재원, 그 밖에 듣지도 보지도 못했던 희한한 식물들이 끼리끼리 다투어 자라고 있는 여러 화원들이 한 단지를 이루고 있다.

내가 손 선생을 알게 된 것은 이 화원에서다. 무뚝뚝한 인상이 금방 접근하기 힘든 야릇한 무게를 느끼게 했다.

축사로 나가는 큰길가에 분재원이 있다. 다른 화원과는 달리 이 분재원의 출입구 앞에는 별도의 비닐하우스가 설치되어 있다. 그 안엔 테이블, 캐비닛, 분재 도구함, 빈 분들이 정연하게 놓여 있다. 한편으론 수수알 같은 마사토가 수북하게 쌓여 있다.

손 선생은 이곳을 종일 수문장처럼 지키고 있었다. 나지막한 방석에 앉아서 쉼 없이 무엇인가 만지작거리고 있었다. 누가 보건 말건 시종 자기 일에만 열중하는, 말하자면 삼매경을 소요하고 있었다.

뿌리째 드러난 분재 나무들을 이리저리 돌리면서 웃자란 가지들을 잘랐다. 더러는 옥은 것을 펴고 뻗은 것을 오그리는 철사 감기를 세심하게 했다. 꽤 큰 가지를 휘어, 나무 줄기에 붙잡아 매는 작업은 보는 이로 하여금 손에 땀을 쥐게 했다. 뿌리들도 듬성듬성 잘라 덩치를 작게 다듬었다. 정리된 나무들은 분 속에 보기 좋게 세우고 마사토를 채웠다. 다시 전체적인 수형을 살피곤 잎들도 솎아서 날렵하게 만들었다. 금방 생기가 용솟음칠 것 같았다. 손 선생은 타고난 나무 미용사 같았다.

한 번은 그의 조각 솜씨에 아연해진 일이 있었다. 목공예 연장들을 즐비하게 놓고 허연 나무를 열심히 깎아내고 있었다. 다가서서 보니 죽은 나무를 깎고 있는 게 아니라 산 나무를 못살게 하고 있었다. 그는 태연히 '세월을 심는다.'고 했다. 둥치가 꽤 큰 향나무를 마치 벼락에 꺾이고 오랜 비바람에 시달린 것 같은 창연한 고목으로 연출하고 있었다. 어찌 보면 수술하는 성형외과 의사 같기도 하고 또 어찌 보면 무자비한 고문기술자 같기도 했다. 어떻든 그 작업 모습이 어찌나 진지한지 옆에서 숨소리도 크게 내기가 죄스러울 지경이었다.

생각하면 사람은 얼마나 욕심꾸러기인가. 자연의 아름다움을 집안에서 즐기고자 이를 축소한 정원을 만들고, 그 정원에 스스로 도취하고, 다시 이를 화분이니, 분재니, 석부작이니 하는 것들로 분리해서 안방에까지 끌어들이고 있으니……. 또 이 같은 일련의 일들이 학문이 되고, 기술이 되고, 기업이 되고, 문화가 되고 있으니……. 그 과정에서 나무나 풀이나 돌은 그렇듯 자생권이 무시되어도 괜찮은 것인지?

손 선생이 관장하고 있는 분재원은 나로서는 처음 보는 큰 규모다. 약간의 느티, 단풍, 은행, 향나무를 제외하고 거의 기기묘묘한 소나무들이다. 원바탕이 뭉뚱하게 뒤틀린 채 주저앉아 늙어 버린 난쟁이가 있는가 하면 굵고 가는 철사에 전신이 포박당한 포로들이 많다. 그 엄청난 통제의 생채기에도 새잎이 다투어 푸르러지는 건 웬일인가? 그 모순적인 아름다움을 과연 어떻게 수용해야 할 것인지?

손 선생은 불쑥 묻지도 않은 말을 했다. 자식 농사를 실패했다 한다. 아들 하나 있는 게 끝내 아비 말을 거역하고 공대를 나와 지금 어느 회사에 다니고 있다는 얘기다. 어찌 들으면 자랑 같은 푸념이었다. 아비처럼 원예를 배워 팔도의 산하를 오르내리면서 훌륭한 소재들을 구해 그야말로 '작은 금수강산'을 만들 수 있었어야지, 농사꾼의 자식이 목숨도 없는 쇠붙이나 만지작거리고 있대서야 말이 되느냐고 안타까워했다.

손 선생에게는 평생 공들여 가꾸어 온 소나무 분재가 몇 그루 있다고 한다. 대대로 소중히 건사하고 사랑했으면 좋을 귀중한 작품이라고 한다.

"그게 시가로는 얼마나 될까요?" 나는 무심히 그런 질문을 했다. "돈이 문제가 아니지요. 그런 건 난 잘 몰라요. 우리 회장님 말씀이 한 3백 간다고 하대요." 당시 3백이라면 웬만한 집 한 채 값이다. 엄청난 값이다. 손 선생은 나를 빤히 쳐다보면서 "선생은 돈 많다고 따님을 아무에게나 시집보낼 수 있어요." 하는 우회적인 말로 나의 속물성을 꾸중했다.

수요일 하루 그 학교에 출강했던 나는 그때마다 그 학교의 정원을 소요하고, 화원을 순방하고, 손 선생과 몇 마디 얘길 나누는 것이 행복한 일과가 되었다. 그만큼 그 도정은 내게 삽상한 매력이었다.

어느 날인가 손 선생은 내 손을 붙들고 곧 퇴직한다는 인사를 했다. 향리인 부산에 가서 화원을 하나 낼 작정이라고 했다. 좋은 생각이라는 나의 화답에 그는 "돈을 벌기 위해서가 아니오. 사람을 찾기 위해서요."하고 쓸쓸한 미소를 날렸다. 나는 얼른 감을 잡지 못한 채 "사람이라니요?"하고 물었다. "그래요, 사람-. 내 분재, 아니 내 귀중한 딸들을 나보다 더 사랑해 줄 수 있는 그런 사람, 말하자면 그런 사윗감을 찾기 위해서요." 그는 다시 냉소 같은 미소를 지었다.

세상에 손 선생 같은 사람도 있는가? 재벌 회사에 몸담고 있는 사람들의 일반적인 생각과, 그의 자식 농사에 대한 시각과, 분재 예술에 대한 집념과, 이에 관한 나의 편견들이 한데 뒤엉켜 나는 그저 고개를 끄덕이며 붙잡은 손을 놓지 못하고 흔들어댔다.

손 선생은 부산으로 떠났다. 어느새 한 3년 되었다. 지금쯤 그가 원하는 사람을 만날 수 있었는지…….

(1993)

인생은 산보처럼

낙엽에의 초대.
낙엽을 밟고 싶은 분은/ 내일 아침 7시 30분
구항(舊港) 부두로 나오시오.
-가을을 사랑하는 사람-

어느 토요일, 교무실 칠판에 적힌 광고문이다. 여수여고 재직 시절이니 벌써 사반세기도 훨씬 전의 일이다. 노란 분필로 정성스럽게 쓴 예서체 글씨가 둥글게 출렁이는 빨간색의 테두리 속에서 꼭 살아 움직이는 것 같았다.

초대자는 바로 짐작이 되었다. 글도 글씨도 김광회(金光會) 선생의 넉넉한 솜씨였기 때문이다. 김 선생은 이미 문단에 등단한 시인이었다. 정감에 넘치는 구수한 얘기들로 항상 주변을 포근하게 감싸주는 멋쟁이였다.

그는 무척 산보를 좋아했다. 아니 인생을 마치 산보처럼 사는 사람 같았다. 그가 여수여고 부임한 내력을 들어보면 그런 생각이 절로 났다. 바다와 항구를 그리다가 지도를 펴놓고 기항할 만한 곳을 찾았다고 한다. 아무래도 따스한 남쪽에 마음이 쏠려 남해안을 살피던 중 문득 시선이 여수(麗水)에서 멈추게 되었는데 그때 그는 자신도 모르게 '여기다.' 하는 탄성을 발했다는 것이다. 바다와 여수라는 지명이 그야말로 '여수 같은' 신선감으로 어울리더라는 것이다. 그리하여 그는 향리의 예산여고에서 멀리 여수여고까지 산보하듯 가벼이 자리를 옮긴 것이다.

언제부터인가 그와 나는 점심 후 수업이 없을 때면 약속이나 한 듯 즐겨 학교 주변을 거니는 사이가 되었다. 정원 바위서리에 핀 작은 풀꽃들과 교사의 뒤안길, 응달진 곳에 돋아난 이끼풀들을 견주면서 생명의 강인성과 삶의 명암 같은 것을 부지런히 화제에 올리곤 했었다.

학교를 한 바퀴 돌고 나선 으레 운동장 가의 벚나무 밑, 통나무 의자에 나란히 앉았었다. 돌산(突山) 섬에 가로막힌 종포(鍾浦) 앞바다가 홀연히 발아래로 다가와서 조아렸다. 종포는 좌우로 청룡백호의 자산(紫山) 줄기가 소쿠리 테를 이룬 아늑한 포구였다. 자산 중턱에 세워진 학교에서 보면 언제나 나직하고 잔잔한 호수일 뿐, 바다 같은 생각이 들지 않았다. 그럼에도 이를 스쳐 올리는 미풍은 언제나 온 학교를 바닷빛으로 흔들어 주곤 했다.

등받이도 팔걸이도 없는 밋밋한 의자에 어깨를 나란히 하고 망연히 호수를 굽어보는 맛은 학생들 말대로 '행복의 삽도(揷圖)' 같은 것이었다. 이해 관계도 없고 시샘도 없는 무애분방(無碍奔放)한 얘기들을 밑도 끝도 없이 주거니 받거니 하다 보면 세속도 다 초월한 어떤 통혼(通魂)의 교환 같은 뿌듯함이 밀물처럼 벅차 오르기도 했다.

김 선생은 토요일 오후나 일요일에도 나를 그냥 두지 않았다. 걸핏하면 '갑시다.' 하는 전화였다. 방향도 시간도 생략된 이 갑시다의 내용은 책방, 양품점, 비어홀 등을 찾는 예외적인 경우도 없지 않았지만 주로 오동도 방파제를 거니는 것이었다.

방파제의 산보는 사실 항도인(港都人)만이 누릴 수 있는 문채어린 정취였다. 물씬한 갯내음, 외양(外洋)으로 내닫는 먼 수평선, 심심찮게 부침하는 크고 작은 선박들, 그 가까운 소리 먼 소리, 끼룩끼룩 갈매기 소리……, 목로에서 전복, 소라, 해삼, 우렁쉥이 등과 술 한잔을 기울이면 그것은 그대로 해변의 서정시였다.

이렇듯 그와 내가 즐겼던 산보는 누구나 하는 평범한 것이었다. 그런데 그는 거두절미하고 산보에 한 주제를 붙여 갑자기 내놓았다. 낙엽에의 초대! 약간의 설렘과 호기심이 일밖에.

광고를 본 이튿날 아침 나는 시간에 맞추어 구항 부두로 나갔다. '찰칵' 하는 카메라 소리와 함께 '선생님' 하고 나타난 건 뜻밖에 내 반의 두 학생이었다. 바로 이어서 만면에 미소를 띤 김 선생이 손을 내밀었다. 영문을 몰라 한참 어리둥절하고 있었다.

목적지는 백야도(白也島). 백야도까지의 선유는 괄호 속의 산보. 주제는 등대로 가는 길섶의 낙엽 밟기. 두 아가씬 교무실 칠판을 보고 나타난 낭만파 메드모아젤. 부모님들과는 이미 통화 완료. 됐지요. 자－, 갑시다. 일사천리로 내쏟는 김 선생의 스피치였다.

뱃길이 얼마나 되었고, 백야도 부두에서 등대까지의 거리가 또한 얼마나 되었는지 이젠 그저 아슴할 뿐이다.

회억 속에 떠오르는 것은 푸르름이 짙고 옅은 바다와 하늘이 멀리 그은 횡획선(橫劃線)과, 그 청등한 공간을 쿵쿵 소리에 맞춰 하얀 물이랑을 일구며 내닫던 여객선과, 깎아 세운 듯한 벼랑 위에 외롭게 서 있던 등대와, 지천스럽게 쌓여 있던 낙엽 더미와, 굽이굽이 탄성을 연발했던 여학생들의 낭랑한 음성뿐이다.

그날의 주제였던 낙엽 밟기는 낙엽을 밟은 게 아니라 낙엽에 묻히는 희한한 경험이었다. 웬일인지 낙엽이 길에 널려 있는 게 아니라 몇 군데에 몰쳐 있었다. 섬 특유의 바람 때문이 아닌가 여겨졌다. 미끄러질 것 같은 발바닥의 감촉이 바싹 오금을 저리게 했지만 결국 약속이나 한 듯 차례로 미끄러지고 말았다. 폭소와 외마디 소리가 적요한 섬길에 문득 생기를 돋게 했다. 가슴까지 덮이는 낙엽을 휘저으며 일어서다간 또 몇 번인가 넘어지기도 했다. 그때마다 '찰칵 찰칵' 카메라 소리와 함께 학생들의 그칠 줄 모르는 웃음소리가 산보 분위기를 매우 흥겹게 했다. 낙엽의 정취를 낙엽 더미에 묻혀 만끽해 본 희한한 산보였다.

이 같은 패턴의 그와 나의 산보는 그가 표연히 서울로 자리를 옮겨 갈 때까지 사뭇 계속되었다. 그가 간 후, 나는 특별히 작심한 것도 아닌데 수년 동안을 산보와는 남이 된 채 지냈다. 그러다가 몇 년 전에 천안 태조봉을 오르게 된 것이 계기가 되어 죽어 있던 산보의 불씨가 되살아나게 되었다.

그러나 이젠 그때 같은 시적인 낭만이 없다. 건강이 주제가 된 산문적인 일상일 뿐이다. 이른 아침 정해진 시간에 싫어도 몸을 곧추세워 기를 쓰고 다녀오는 산보다. 일말의 서글픔이 없지 않다.

그럼에도 나의 산보는 오랜 수련으로 말미암아 거의 자동적인 몸짓이 되었다. 산보가 인생의 어떤 여유라면 나는 그것을 이른 아침에 확보하고 있는 셈이다. 또 산보가 어떤 워밍업이라면 나는 별 의식 없이 날마다 건강한 하루를 출발하고 있는 셈이다.

그러나 나의 산보는 아직도 그 수습(修習)이 이어지고 있다. 산보가 갖는 일탈성(逸脫性)이 그만큼 다채로운 상념과 탄력을 일깨워 주기 때문이다.

가끔 김 선생이 떠올려지는 아침은 유난히도 산보가 느긋해진 아침이었다.

(1991)

보리밥

나는 가끔 보리밥 집엘 간다. 보리밥의 영양가를 따져서 찾는 게 아니다. 어려서 물리도록 먹었고 또 탐하기도 했던 회심(會心)의 밥인 탓이다. 나는 스스로 나의 몰골이 남이 보기에 안타까우리만큼 굵지도 가늘지도 않는 것을 일찍이 보리밥이 안겨준 건강의 저변으로 여기고 있다. 우리 밥상에서 보리밥이 사라진 지가 오래되었다. 아이들은 보리밥의 맛을 모른다. 아내도 보리밥 짓기의 번거로움을 즐길 수 있는 입장이 아니다. 그리하여 나의 보리밥 집 찾기는 나만의 오붓한 향수인 셈이다.

보리밥 집의 보리밥은 도무지 '보리밥' 같지 않다. 쌀알과 보리알이 제각각 논다. 빛깔도 부드러움도 구수함도 나를 키워 주었던 그 보리밥은 이미 아니다. 보리밥 짓기란 쌀밥 짓기와는 비교가 되지 않는 번망(煩忙)한 일이다.

먼저 방앗간에 가서 보리를 찧어야 한다. 보리를 찧는다는 것은 보리 껍질을 한 꺼풀 벗기는 일이다. 벗겨진 껍질은 겨가 되고 그 알맹이가 비로소 보리쌀이 된다. 그러나 이 과정은 벼를 찧는 과정과는 달리 물을 버물려서 찧기 때문에 보리쌀도 겨도 축축한 상태로 나온다. 각각 멍석에 널어 말려야 한다. 몇 번이나 멍석 가운데로 모았다가 다시 펴서 골고루 말려야 한다. 마르는 과정에 보리쌀에서 자연히 떨어지는 겨들은 다시 키질을 하거나 풍구로 부쳐서 깔끔하게 제거해야 한다. 이 보리쌀이 밥이 되려면 아직도 몇 가지 과정을 더 거쳐야 한다.

물에 축인 보리쌀을 절구통에 넣고 절구공이로 찧는다. 2차적인 껍질 벗기기인 것이다. 다시 이를 확에 넣고 적당히 물을 부어 손바닥으로 알맞게 덮이는 둥근 확돌을 좌우로 돌리면서 또다시 힘차게 간다. 말하자면 3차 껍질 벗기기인 것이다.

이렇게 닦여진 보리쌀은 가마 속에서 먼저 한 번 끓여진다. 끓여진 보리쌀은 대바구니에 담겨 시원한 곳에 놓인다. 그 일부가 다시 솥 밑에 깔리고 그 위에 약간의 쌀을 안치고 알맞게 물이 부어지면 비로소 밥이 안쳐지는 것이다. 시나브로 익혀서 밥이 나슬나슬 퍼지게 되면 그게 바로 정통의 '보리밥'이 되는 것이다. 어머니의 매슬한 손길이 아니곤 지을 수 없는 정성 덩어리인 것이다.

보리밥 집도 여느 식당과 다를 바 없다. 여러 계층의 사람들이 드나든다. 쌀밥을 억제해야 할 사람들, 불룩한 배를 불러들여야 할 사람들, 호기심으로 온 젊은이들, 회고조(回顧調)를 즐기려는 사람들, 대개 이런 사람들이 주종을 이루고 있다.

당뇨에 시달린 사람들은 보리밥이 인슐린 같은 묘약이나 되는 것처럼 그 저작이 정성스럽다. 비만한 사람들은 보리밥이 만삭 직전 같은 그 지방덩이를 후련히 녹여 주기라도 할 것처럼 먹고 먹고 또 먹는다. 젊은이들은 실컷 먹고도 오죽 하면 '보리떡을 떡이라 하며 의붓아비를 아비라 하랴.' 하는 식의 떨떠름한 표정이다. 향수 여행같이 느끼는 사람의 보리밥 먹기는 좀 유다르다. 겉모습은 당뇨 환자와 흡사하다. 그러나 열 번 씹으면서 부드러움을 찾고, 거듭 씹으면서 구수함을 굴리고, 이를 더하면서 어머니 손끝의 감밀을 음미하려 하는 것이다.

어느 시인은 '삼사 월 기나긴 해/ 높지도 낮지도 않는 보릿고개를/ 하냥 색거리로 목숨을 이어/ 한여름 곱삶은 보리밥 아니면/ 부앙 나 죽는 놈도 부지기수죠.' 하고 보릿고개를 노래했지만 그 보릿고개란 말이 우리 곁에서 사라졌다. 그 허기진 고개가 마치 보리 때문이기나 했던 것처럼 보리도 보리밥도 자취를 감추고 말았다. 이제 그게 대단한 귀물이 되었다. 보릿고개를 살아 본 세대들은 그러기 때문에 더욱 그것에 얽힌 얘기들이 귀한 추억으로 반추되는 것이다.

'보리밥에 고추장'이란 말이 있다. 그러나 내가 자란 풍토는

단연 '보리밥에 된장'이다. 잘 익은 된장에 풋고추를 찍어서 보리밥과 함께 씹는 맛은 산뜻한 충격이다. 맵싸하고 짭짤한 기운이 삼삼하게 부드러워지는가 하면 어느새 입속에선 녹아나고 없다. 된장국이 또한 일미다. 굵직굵직하게 감자를 썰어 넣고 손가락만 한 멸치를 몇 마리 첨가하고 풋고추를 듬쑥듬쑥, 곁들여 끓인 된장국은 보리밥 한 그릇을 '샛바람에 게눈 감기듯' 하게 한다. 콧잔등엔 보송보송한 이슬이 영롱하게 맺힌다.

보리밥과 상추쌈은 빼놓을 수 없는 앙상블이다. 갓 뜯은 줄기에서 흰 물이 뚝뚝 떨어지는 자줏빛 서린 상추 잎을 겹으로 펴서 보리밥을 한 숟갈 얹고 된장이나 고추장이나 막장이나 가릴 것 없이 알맞게 첨가해서 입이 미어지도록 포식하는 식탁의 정감은 한 도락의 삽도다.

보리밥과 감자국의 일취를 잊을 수 없다. 감자국은 들깨를 간 물에 끓인 게 으뜸이다. 들깨를 먼저 맷돌에 갈아서 확에 넣이 다시 갈거나 바로 확에다 넣어서 갈거나 간에 충분히 갈린 들깨 물을 체에 걸러서 그 물에 감자를 넣고 푹 끓인다. 담백한 맛의 감자와 구수한 들깨 물이 혼용된 의젓한 국물 맛은 보리밥까지도 같은 품위로 착색하고 만다.

보리밥의 찬물말이는 비 갠 여름 아침의 풍미다. 나는 이 맛을 고당(顧堂) 선생 때문에 익혔다. 선생에게 서예를 익힐 땐데 어쩌다 한 번은 일찍 선생을 찾게 되었다. 선생은 샘가에서 걸바구니 안에 있는 보리밥을 씻고 있었다. 밥을 휘젓고 물을 부을 때마다 허연 밥물이 뜨물처럼 빠져나갔다. 밥이 상한 것이다.

선생의 아침 진지는 바로 그 씻은 밥이었다. 걱정스럽게 바라보고 있는 내게 선생은 묻지도 않고 물 양재기를 건네주었다. 먹을 만하다. 시원하다. 참으로 내키지 않는 일이었다. 그러나 감히 사양할 수도 없었다. 놀라운 맛이었다. 물보다 보리밥이 더 찬, 희한한 밥이었다.

몇 번이고 물을 바꾸어서 보리밥 물말이라면 아주 차게 먹는 게 이 이후 생긴 나의 버릇이다. 서예로서는 좋은 제자가 되지 못하고 엉뚱하게 식도락에서 비 갠 여름 아침의 풍미를 배우게 된 것이다.

나는 보리밥과 연관된 이 회고조에서 전래의 식성을 버린다면 고유의 체질을 잃게 되고 고유의 체질을 잃게 되면 계승해야 할 가치관이 혼돈에 빠지지 않을까 하는 좀 엉뚱한 상념을 저버리지 못한다.

나만이라도 유적을 순례하며 넋을 일깨우듯 보리밥을 비롯한 전통 음식을 즐기면서 굵지도 가늘지도 않은 내 건강을 보다 질적으로 건사하리라.

손쉬운 보리밥 집을 내일 또 찾아야 하겠다.

(1994)

세수할 줄 모르는 미인

'책'하면 나는 상허(尙虛)의 수필 〈册〉을 생각한다.

"책만은 '책'보다 '册'으로 쓰고 싶다. '책'보다 '册'이 더 아름답고 더 책답다."로 시작되는 이 글은 당시 중학생이던 나에게 적지 않은 감동을 안겨 주었다. 책을 여인의 아름다움에 비유하고 '세수할 줄 모르는 미인'이라고 표현한 대목에선 엉뚱하게도 가슴까지 울렁거렸다. 이 글은 나에게 '册'이란 글자를 유심히 살피는 계기가 되었고 책에 관한 나의 사상이라 할까 자세를 정립하는 데 결정적인 영향을 끼쳤다.

'册' 자는 책 두 권을 나란히 세우고 끈으로 허리를 묶은 형상이다. 이 형상에서 나는 책이란, 갖는 면이나 읽는 면이나 다같이 복수 개념이란 사실을 중요하게 본다. 소장한 책이나 독파한 책이 많으면 많을수록 허리를 묶는 끈이 길면 길수록 책은 '더 아름답고 책답다.'는 사상이다.

책을 간수하는 요령도 나는 이 '冊' 자 속에서 발견한다. 책은 뉘어서 싸 올리게 되어 있지 않다. 세워서 꽂되 '冊' 자 쓰기의 순서대로 왼편에서 바른편으로, 단이 있는 서가라면 윗단에서 아랫단으로 차근차근 꽂아 나가는 것이다. 그래야만 허리를 묶는 끈의 존재 이유도 설명이 되어진다.

책이 몇 권 되지 않을 때는 이를 아무렇게나 서가에 꽂아도 별 문제가 없지만 어지간히 많아지면 그렇게 할 수 없다. 자연히 같은 주제별로 유별로 끼리끼리 모아지게 된다. 여기서 나는 '冊' 자의 허리를 묶는 그 끈이 단순히 책의 넘어짐을 방지하는 물리적인 끈이 아님을 본다. 한 주제를 정립하고, 사상을 엮고, 서정을 부추기는 생명의 끈으로 피가 흐르고 있음을 듣는다.

'책은 세수할 줄 모르는 미인이다.' 책은 꾸미지 않는 미인처럼 아름답고 착하고 참된 위안을 변함없이 안겨준다는 뜻일까. 그러나 나는 미인이 세수를 안 하고도 계속 미인일 수 있기 위해서는 그럴 필요가 없을 만큼 항상 몸가짐을 깨끗이 해야 한다는 뜻도 함께 읽었다. 책에 관한 나의 유별난 청결 사상은 바로 여기에서 출발한 셈이다.

나의 이 같은 사상은 한 지물포에서 우연히 유산지(硫酸紙)를 만나게 된다. 매끌매끌한 반투명의 얇다란 종이다. 물과 기름에도 곧잘 견디어낸다. 나는 이 종이로 책만 사면 그 표지

겉을 아예 도배질했다. 서툰 솜씨여서 걸핏하면 울고 떼어서 붙이려면 속종이가 물고 늘어지는 짜증나는 회오리를 겪기도 했다. 그러나 그것은 '세수할 줄 모르는 미인'에 대한 나의 지극한 짝사랑으로 흐뭇하게 회억된다.

책에 대한 나의 결벽증은 거기에서 머물지 않는다. 책이란 책은 내 것 네 것 없이 모조리 겉을 싸고 본다. 보다가 쉬게 될 경우도 책을 편 채 엎어놓거나 읽던 쪽을 접어서 흠을 내는 일은 결코 하지 않는다. 반드시 쪽꽂이나 명함 종이 같은 것을 갈피에 끼우고 바르게 덮어 두었다가 다시 펴 든다. 책을 읽으면서도 함부로 줄을 치거나 행간이나 여백에 메모를 하지 않는다. 꼭 필요할 경우는 반드시 연필을 사용하고 나중에 말끔히 지운다. 오죽하면 한 학기나 한 학년을 사용하는 교과서까지도 소모품으로 다루지 못하는 얼간이가 되었을까.

그렇다고 전혀 예외가 없었던 건 아니다. 사촌형이 손진태(孫晋泰)≪국사대요(國史大要)≫를 주면서 대입 준비를 재촉했다. 역사책치고는 이해하기 쉬운 서술이었다. 그러나 개조식으로 정리해 보라는 형의 권유에 따라 간단한 것은 해당 쪽의 상단 여백에, 복잡한 것은 부전지를 붙여가면서까지 정성스레 간추렸다. 제법 공부한 기분이 났다. 그러나 책은 배불뚝이가 되어 볼썽사납고 땟국이 줄줄 흐르는 '추녀'로 바뀌어졌다. 그런데도 그 속에선 '세수할 줄 모르는 미인'의 향기 같은 게 은은하게 풍겼다.

상허의 말대로 책을 "일생에 천 권을 빌려보고 구백구십구 권을 돌려보내고 죽는다면 그는 최우등의 성적이다. 그러나 남은 한 권 때문에 도적은 도적이다." 나도 이 도적 대열에 끼게 되었으니 어쩌면 좋은가.

학교 도서관에서 일을 하다 보면 제일 골치 아픈 것이 망실도서다. 미국 같은 나라에선 5퍼센트 정도는 인정하고 있다지만 우리나라에선 아직 그만한 탄력이 없다. 어떻게 해서든지 보충하지 않으면 안 된다. 나는 이 문제를 새로 책을 구입할 때마다 서점으로부터 기증을 받는 형식으로 해결을 했다. 그런데 한참이나 지난 후에 뜻밖에 이런 책들이 슬그머니 되돌아오는 경우가 있다. 새로 등록할 명분이 없는 복권이 된 것이다. 이런 책들 중에서 내 도심(盜心)을 충족시켜 준 몇 권의 책이 내 서가에서 마치 애첩(愛妾)처럼 사랑을 받고 있다. 과연 '도적이란 책윤리(冊倫理)가 따로 있는 것'인가.

내 책을 빌려가서 돌려주지 않는 친구도 있다. 그러나 나는 차마 그 얘길 꺼낼 수가 없다. 언젠가는 돌려주겠거니 하는 기대가 끝내 무산되면 오히려 홀가분해진 마음으로 영원히 노라가 되어버린 미인의 전도를 빌고 만다. 나 개인만이라도 5퍼센트의 망실 도서에 대한 탄력을 유지한다면 멋있는 일이 아닌가.

세상은 많이 달라지고 있다. 숱한 책들이 날로 쏟아져서 무슨 책을 얼마나 골라야 할지 서성거려질 지경이다. 예쁘게 단장한 책표지들이 매끄럽고 눈부신 코팅으로 나의 유산지에 얽힌 옛정을 애련하게 바라본다.

나는 책을 좋아하고 사랑한다. '冊' 자가 상징하는 복수성(複數性)을 한없이 추구하고 싶다. '세수할 줄 모르는 미인'들과 화장기 없는 서정을 나누고 싶다. 그 체취만큼이나 싱싱한 사색의 향연을 즐기고 싶다.

아차! 나도 그런 '冊'을 펴낼 수는 없을까.

(1993)

음악은 흐르는데

내 주변엔 음악을 좋아하는 사람들이 많다.

우선 집안에서는 큰 작은아버지와 막내 작은아버지가 음악을 좋아했다. 큰 작은아버지의 판소리 솜씨는 거의 명창의 경지였다. 국창 송만갑(宋萬甲) 선생이 우리 집 사랑을 자주 드나들었던 영향이라고 했다. 막내 작은아버지는 일본 유학을 한 신식 분으로 대중가요에 뛰어난 가창력이 있었다. 스스로 취입한 도너츠 레코드판이 수십 장이나 되었다. 자형(姉兄)은 작곡을 하는 음악 교사였고 사촌형은 작은아버지를 닮아서 음악이라면 무엇이나 척척이었다.

친구 중에는 클라리넷을 부는 친구가 하나 있고 또 오페라 아리아를 열창하는 친구가 있다.

이렇듯 좋은 음악적 환경인데도 나는 웬일인지 음악에 관해선 별수가 없다. 어쩌다 음악 얘기가 나오거나 음악이 주제가 된 글이라도 읽게 되면 우선 무슨 말인지 알아들을 수 없는 말들이 많아서 주눅부터 든다. 그리고 그 같은 교양을 차분히 즐기는 복된 사람들에 대해서 더없는 선망과 외경의 염을 어쩌지 못한다.

나는 악보를 읽을 줄 모른다. 악보에 까막눈이니 다루는 악기가 있을 턱이 없고 몇 가지 노래를 부른다 해도 그것은 남의 흉내지, 과연 그게 정확한지 어쩐지를 스스로 확인할 길이 없다. 듣는 쪽인 이른바 감상도 수련의 미흡으로 그 수용의 폭이 매우 좁다. 부끄럽고 안타까운 일이다.

어렸을 때, 막내 작은아버지가 형과 나에게 하모니카를 사 준 일이 있었다. 얼마나 신이 났는지 모른다. 그러나 나는 오래지 않아 시무룩해졌다. 어찌된 일인지 딴은 연습을 부지런히 했는데도 형과는 비교가 되지 않았다. 형은 '북', '북' 하는 베이스까지 넣어가면서 무슨 노래고 숨이 차게 불어대는데 나는 엉망이었다. 형이 자꾸 고쳐 주고 가르쳐 주었지만 더더욱 오그라들었다. 나는 형의 '천재' 앞에 끝내 오금을 펴지 못하고 만 것이다. 내 하모니카는 결국 형이 갖게 되었고 형은 학예회에서 하모니카를 독주하는 영광의 주인공이 되었다.

훨씬 후에, 클래식 기타의 명수였던 자형에게 형과 나와 또 하나 고종 아우가 기타를 배우게 되었다. 형은 역시 빠르고 정확했다. 음계를 집는 손가락 놀림도 금방 익혔고 퉁겨내는 소리도 꽤 맑게 내었다. 아우도 형에겐 따를 수 없었지만 그런 대로 흉내는 내었다. 그런데 나는 도무지 진척이 없었다. 우선 손가락 끝이 여려서 기타 줄을 제대로 누를 수가 없었다. 물론 손목 놀림도 제대로 되지 않았다. 여운 없는 둔탁한 소리가 탁탁 짤려서 나왔다. 시작이 바로 좌절이 되고 말았다.

학교 다닐 때, 두 여학생과 함께 학회 일을 맡게 되었는데, 이 친구들이 걸핏하면 나를 '르네상스'나 '돌체'로 이끌었다. '르네상스'와 '돌체'는 당시 서울의 대표적인 음악 감상실이었다. 나는 지금도 처음 '르네상스'에 갔을 때의 그 당혹감을 잊을 수가 없다.

감상권이라는 것을 사 가지고 별 생각 없이 홀 문을 들어섰다. 숙연한 분위기가 묘한 힘으로 압도했다. 발자국 소리까지 죽이면서 빈 테이블에 자리를 잡았다. 스테이지엔 감상곡명이 적힌 입간판이 놓여 있고 양쪽 가엔 커다란 스피커가 육중하게 버티고 있었다. 자리에 앉은 대부분의 사람들은 지그시 눈을 감고 진지한 표정들이었다. 더러 얘기를 나누는 사람들이 있었지만 그들의 모습은 수업 중에 선생님 몰래 귓속말을 커닝하는 중학생들 같았다.

두 아가씨도 약속이나 한 듯 눈을 감았다. 귀의 사이클만을 스피커에다 맞추고 여타의 감관은 모두 닫아버린 느낌이었다. 문제는 나였다. 눈을 말똥말똥 뜨고 있기도 민망하고 그렇다고 감고 있기도 부질없이 폼을 재는 일 같아 거북스러웠다.

훌쩍 일어나고 싶었지만 그건, 우정출연(友情出演)의 여유마저도 없는 촌놈의 짓 같고……. 할 수 없이 눈을 뜨기도 하고 감기도 하는 어정쩡한 시간을 보냈다. 스피커에서 쏟아지는 음악도 눈을 떴다 감았다 하는 것처럼 들리기도 하고 안 들리기도 했다.

감상실을 나왔을 때, 두 아가씬 얹힌 것이라도 내려간 것처럼 청량한 기분이었다. 나더러도 감상을 물었다. 나는 그냥 좋다고만 했다. 그러나 속으론 뭐라 말할 수 없는 실조감을 어쩌지 못했다.

언제부터인가 나는 결혼을 하게 되면 온 집안에 좋은 음악을 종일 흐르게 하리라, 그리하여 아이들이 어릴 때부터 그 같은 풍요로운 음악적 분위기 속에서 실컷 듣고 자라게 하리라, 하는 소녀 같은 생각을 했다.

그러나 그것은 한때의 한낱 감상(感傷)일 뿐, 막상 결혼을 하고 아이들이 태어나고, 더구나 아내가 음악을 좋아하는데도 나는 전축을 들여놓을 엄두도 내지 못했다. 이따금 아내가 이를 들먹일 때면 노상 기왕에 늦은 것, 최고의 외제를 사자고 얼버무렸다. 공약(空約)도 한두 번일 때 매력이 있는 법, 회를 거듭하다 보니 전축에 관한 한 아내는 콩으로 메주를 쑨다 해도 내 말은 믿으려 하지 않았다.

적금이 하나 풀린 것을 호기로 아내는 전축의 구입을 강력히 주장했다. 입이 열이라도 할 말이 없는 나로선 그냥 묵묵히

밀릴밖에. 결국 최고의 외제가 아닌 최고의 국산 오디오 시스템이 우리 집 한 면을 화려하게 장식하게 되었다. 아내는 이 시스템에 턴테이블은 아예 빼고 컴팩트 디스크 플레이어를 택했다. 그만큼 맑은 소리를 들어야 한다는 이유였다. 판도 40여 장을 한꺼번에 들여놓았다.

마침내 우리 집은 언제나 클래식 판이 쿵쾅대는, 말하자면 문화인의 집이 되었다. 아내는 음악 속에 묻혀 밥하고 설거지하고 청소하고…… 심심찮게 저 '르네상스'의 군상 같은 소경의 자세에 빠지기도 했다.

어느새 판이 100여 장에 이르고 카세트 테이프도 날로 늘어났다. 딸애들의 음악적 성장도 그만큼 현저해진 것이다. 모녀간의 대화가 진지해지고 함께 눈을 감는 공감동정(共感同情)의 시간이 길어졌다. 월간≪객석≫까지를 돌려보면서 시사에도 밝아져서 나는 자연스럽게 그들의 축에 끼지 못하는 외딴 섬이 되었다.

생각하면 우스운 일이다. 형과 아우에게, 두 친구에게, 두 여학생에게 그리고 음악 얘기를 적은 많은 문객들에게 항상 오금을 펴지 못했던 내가 공교롭게도 아내와 딸들에게까지 음악 때문에 하루에도 열두 번씩 밀리는 신세가 되었으니…….
아내와 딸애들은 짬만 나면 나의 음악적 몽매를 놀려댄다. 깔깔대며 자지러지고 신이 난다.

그런데 웬일인가, 이런 일련의 일들이 도무지 밉지 않다. 오히려 대견하고 자랑스러운 것이다. 팔푼도 이쯤 되면 최상일러.

(1992)

2부

산행은 싸목싸목

"산신령 같네요." 함께 산에 올랐던 어느 시인의 말이다. 감이 잡히지 않아 그냥 웃었다. 앞서 가는 걸 보고 따라 붙으려고 기를 써도 한 굽이 돌고 보면 어느새 나는 또 저만치 멀어져 있더라는 것이다. 산을 그렇게 작전하듯 빨리 걸어도 되는 것이냐고 그녀는 충고인지 칭찬인지 알 수 없는 촌평을 했다.

산신령이라? 당찮은 얘기다. 그런 역을 맡을 재간도 없지만 또 그럴 만한 풍신도 못 된다. 어쩌다 내 움직임이 좀 앞섰다 할지라도 그건 그녀와 나의 해찰스런 길 버릇의 차이에서 온, 말하자면 시와 산문의 거리일 것이다. 내 걸음이 그렇게 잰 편도 아니지만 그렇게 서둘 생각도 아예 없었기 때문이다.

"섭섭한데요." 시인의 눈이 휘둥그래졌다. 나는 근엄한 표정으로 "만일 내가 아무개 씨와 비슷한 또래였다면 산신령이라

하지 않고 도깨비나 홍길동이라 했겠지요. 산신령으로 나를 점잖게 묶어 놓고 나로 하여금 처음부터 어떤 도깨비짓이나 길동이짓도 할 수 없도록 차단해 버리는 갸륵한 음모가 거기 있었던 거 아니오?" 하고 너스레를 떨었다.

"아니, 무슨……" 반박이 우레처럼 쏟아졌다. 재빨리 시인이 나의 걸음걸이를 데생했다. 힘은 하나도 들이지 않은 채, 어쩌면 껑충대는 것 같고 어쩌면 사뿐대는 것 같고, 뛰는 것인지 추는 것인지, 좌우간 묘하게 빠르고…… 웃음과 갈채가 범벅이 되었다.

문우들과의 산행은 좀 유다른 맛이 있다. 길과 계곡과 숲으로 열린, 해와 바람과 하늘로 맞닿은 푸짐한 기언(奇言) 교언(巧言)들이 한결 생기를 북돋는다. 눈, 코, 귀, 입, 살갗, 호흡, 근력 등등이 한데 얼려 색칠하고 노래하고 춤추는, 하나로 뒤섞인 그 교감, 그것은 그대로 통령(通靈)의 열쇠가 아니던가! 그 교환(交驩)이 상큼하다. 재미가 난다.

'산은 늘 그리운, 산은 늘 너그러운,/ 산은 늘 따스한,/ 여인의 품, 어머니의 품./ 아버지의 품.'인데 그 품에 안겨 부질없이 서둘 까닭이 없다. 나더러 빠르다고 하지만 그것은 내가 빠른 게 아니라 시인 그룹이 나보다 '산으로 가는 날은 내가 산을 사는 날/ 산이 나를 사는 날/ 내가 나를 사는 날'의 경지를 진지하게 엮으면서 오른 탓이다. 그런데도 그들은 나의 건성댐을 오히려 탓하지 않고 재치 있는 데생으로 폭소를 쏟게 한 것이다. 그 넉넉한 분위기가 더없이 그윽했다.

내 산행의 수습은 그 인연이 독특하다. 태평양전쟁 말엽, 일제는 극심한 유류난 해소를 위해 식민지 초등학생들에게도 관솔을 따오게 했다. 나는 곧 신준에게 부탁하면 된다는 생각을 했다. 이미 퇴비 증산을 위한 풀 모으기에 그의 도움을 톡톡히 받은 바 있기 때문이다. 그러나 신준은 한마디로 딱 거절했다. 이런저런 실랑이 끝에 결국 산에는 데리고 가겠다는 약속을 끌어냈다.

'호야, 너 어른더러 신준이가 뭐냐.' '장가도 안 갔다며 어른은 무슨 어른?' '그래도 어른은 어른이여.' '피이……' '관솔이고 뭐고 난 모른다.' '에-, 그럼 뭐라고 불러?' '음-, 박 선생님이라 불러라.' '머슴더러?' '호야, 너는 어째 그리 모르는 것이 많냐. 내가 너네 집 머슴인 것처럼 선생님은 너네 학교 머슴이여. 형편에 따라서는 집 머슴이 학교 머슴도 되고 학교 머슴이 집 머슴도 되는 거여. 알것냐.' '?……' 머슬해진 내 모습이 딱해 보였던지 신준은 '호야. 어째 내가 너네 선생님이것냐. 아재(아저씨)라고 불러라. 일본에 있는 너네 아재하고 내가 동갑이다.' 하고 한 발 물러섰다. 나는 잠자코 고개만 끄덕거렸다. 그러나 아쉬울 땐 신준 아재라고 불렀지만 그렇지 않을 땐 노상 '신준 아'까지 소리를 내고 '재' 소리는 황급히 죽이며 혀를 날름대는 망나니짓을 했다.

신준 아재를 따라 나는 몇 번인가 산엘 갔다. 마을을 벗어나

신작로를 타고 북쪽으로 가다가 바른편으로 살짝 굽어 들길을 지나고 나면 이내 '바랑골' 산길이 나온다. 제법 가파른 길이다. 숲길이 이어지는가 하면 확 트인 바윗길이 나오고 계곡을 가로지르기도 한 요요한 길이 끝이 없다. 새 소리, 벌레 소리, 바람 소리, 더러는 그냥 산 소리라고 여길 수밖에 없는 묘한 소리들이 오싹 가슴을 조이게도 했다.

신준 아재의 걸음걸이는 산마루에 들어서면서부터 전혀 딴 사람의 것이 되었다. 느릿느릿 세월아 가거라였다. 상머슴이 그리 금방 힘이 파하나? 늑장부리긴가? 보란 듯이 내가 앞장서 빨리빨리 걸었다. 어느새 뒤를 돌아보곤 해도 아재의 모습은 보이지 않았다. 괜히 신명이 났다. 그러나 그것은 잠시. 와락 무섬기가 들었다. 돌던 필름이 갑자기 멈춘 것처럼 사위가 조용해졌다. 불쑥 호랑이라도 덤벼들 것 같은 두려움을 어찌할 수 없었다. 나는 불문곡직(不問曲直)하고 되돌아 뛰었다.

"호야, 니가 사내냐? 떳, 떳, 떳……." 할 말을 잃은 나는 고개를 떨군 채 묵묵히 뒤를 따랐다. "호야, 산이 어디냐? 내 교실이여, 교실. 산에 대해서는 내가 너네 선생님보다 선생님의 선생님일 거여. 잘 배워. 토끼와 거북이 이야기 알제. 누가 이겼냐. 너는 토끼고 나는 거북이다. 산에서는 촐싹대는 것 아니여. 잘 보고 따라해. 알것냐."

발을 내디딜 때마다 신준 아재는 내딛는 쪽으로 체중을 모으는 것 같았다. 몇 발짝 떨어져서 보면 상체가 좌우로 느릿느릿 뒤뚱대는 모습이었다. 발을 뗄 때마다 오금을 쭉쭉 펴는 것도 또한 특이했다. 까닭을 물어 보았다. "호야, 산에서는 원래 싸목싸목 힘을 태워 걷는 것이여. 알것냐. 왜 그래야 하는지는 너네 선생님한테 물어봐라." 막중한 지식을 함부로 알려줄 수는 없다는 투가 역력했다.

오랜 세월이 흐른 후, 나는 '이강산'이라고 하는 독특한 이름의 산 입구에서 우거(寓居)한 일이 있었다. 그야말로 산이 있어 거기 오를 수밖에 없는 혼자만의 산행이 이루어졌다. 심심해서 오르내린 탓인지 걸음걸이는 저절로 느릿느릿했다. 아니 어느새 나는 신준 아재를 그대로 흉내내고 있었다. 내 산행의 패턴은 아마도 여기서 정초된 것 같다.

산행이 여러 가지 이유들로 일반화되면서 많은 모임들이 생겼다. 나도 그 축에 더러 끼어보았다. 그러나 모두들 왜 그리 바쁜가? 하나같이 허겁지겁이다. 나만 빈번히 처지곤 했다. 그러나 문우들과의 산행에선 내가 오히려 급진파가 되었다. 그만큼 시심의 해찰이 미흡한 탓이 아닌가 싶다.

산행은 싸목싸목! 그것은 내 산행의 신조다. 산을 정복의 대상으로서가 아니라 사랑의 대상으로서 받드는 작은 철학이다.

(1998)

금딱지를 잃고

아무리 찾아봐도 없다. 집에 들면 으레 책상 위 아니면 펜접시에 풀어 두었던 거다. 날개가 붙은 것도 발이 달린 것도 아닌데 감쪽같이 사라지고 없다. 아내도 아이들도 만지지 않았다고 한다. 온 식구가 며칠을 두고 눈여겨보아도 감감 무소식이다.

무엇이든 잃어버린다는 것은 기분 좋은 일이 아니다. 강제로 빼앗긴 경우는 말할 나위도 없지만 그렇지 않은 경우라 할지라도 잃어서 기분 좋을 턱은 없다. 자신도 모르는 사이에 자신의 물건이 어디론가 사라져 버린다는 것은 뜻밖의 변고가 아닐 수 없다. 그만큼 일상의 리듬이 깨어지는 일이다.

아무리 하찮은 물건이라도 잃게 되면 그것은 그 물건만 잃게 되는 게 아니다. 그 물건이 주던 여러 가지 편리함과 그에 얽힌 잔잔한 정감들도 함께 잃게 마련이다. 잃은 게 물건이 아닌 어떤 심리적인, 정신적인 것이라 할지라도 사정은 마찬가지다. 심리적, 정신적 그 틀을 잃게 되면 그 틀만 잃은 게 아니라 그것을 뒷받침했던 많은 물리적인 도구들도 함께 존재 이유를 잃게 된다. 무릇 잃는다고 하는 것은 그래서 물심양면의 아픔인 것이다.

나는 원래 상록파다. 복잡한 것보다는 심플한 것을 좋아한다. 옷이든, 신발이든, 장신구든 한번 몸에 붙였다 하면 항용 계절을 잊고 만다. 철따라 매무새를 바꾸고 향훈의 빛깔을 달리하는 낙엽파들은 내게 있어선 그저 선망의 대상일 뿐이다. 이 같은 나의 좀상은 아마도 내 성장의 토속성 때문일 터이지만 그래서 대체로 나의 물건은 마르고 닳도록 오래 쓴다.

행방이 묘연한 그 물건만 해도 그렇다. 그것은 아내가 마음먹고 사준 큰 선물이다. 내가 타지로 근무처를 옮겼을 때의 일이다. 당시 나는 10년이 훨씬 넘은 오래된 시계를 차고 있었다. 소리굽쇠의 진동이 이미 부정맥 증세를 나타낸 고물이었다. 아내는 이를 빼앗다시피 퇴역시키고 대신 둥글고 날렵한 금딱지 시계를 내 손목에 채워주었다. 새 근무처에서의 품위를 걱정한 호의에서다. 그런 보물 같은 시계를 나는 무엄하게도, 경망스럽게도, 10년이 되려면 아직도 먼 새것인데 까닭도 모르게 잃어버리고 만 것이다. 그것을 어찌 단순한 물건만의 잃음이라고 할 수 있으랴. 손목이 허허롭고 가슴이 휑뎅그레하다.

3년이 넘는 내 타지 생활은 오로지 금딱지 시계에 얽매인 시기이기도 했다. 월요일 첫 버스로 허겁지겁 출근, 한 주일을 분주히 보내곤 토요일 오후면 어김없이 귀성해야 하는 빡빡한 일정은 그 금딱지가 시키는 대로 따르지 않을 수가 없었다. 토요일 오후의 귀성은 그런대로 별문제가 없지만 월요일의 출근은 늘 허둥대야 했다. 첫 버스를 놓치면 아침 모임을 댈 수가 없었기 때문이다.

세월이 좋아져서 요즘은 흔한 게 시계다. 공공시설에는 물론 여염집에도 벽시계, 탁상시계, 손목시계 등등, 없는 것이 없다. 치는 놈, 노래하는 놈, 속삭이는 놈, 빛을 내는 놈 갖가지다.

우리 집에 처음 시계가 걸린 건 내가 초등학교 입학할 무렵이다. 흑갈색의 꽤 큰 벽시계다. 마루 중간 윗벽에 걸렸다. 우리 집 식구들은 제법 학교의 종소리 흉내를 내는 그 시계 소리에 금방 순치되었다. 그 소리에 따라 일을 서둘기도 하고 늦추기도 했다. 자고 일어나는 것도 그 소리가 좌지우지했다.

고2 때에 나는 처음으로 손목시계를 차게 되었다. 미군부대에서 나온 이른바 삼본바리(三本針)다. 초침이 종래의 시계와는 달리 분침 시침과 함께 끼어 있어서 붙여진 이름이다. 그 후에 한동안은 자형이 물려준 '위드날'이란 시계를 찼고 그 다음은 '히디찌(日立)' 라는 새 시계를 찼다. 그것은 흔들어만 주면 저절로 태엽이 감기는 희한한 반자동이다. 그 다음이 바로 잃어버린 그 금딱지다. 금딱지는 태엽을 감을 필요도 없고 시계를 통째로 흔들 필요도 없는 전자시계다.

나의 타지에서의 일상은 비교적 단조로웠다. 근무가 끝난 이후의 시간은 너무나도 한유했다. 산자락의 소나무 숲 밑에 외톨로 엎디어 있는 사택은 절간처럼 적요했다. 혼자 있기엔 너무나도 쓸쓸했다. 더러는 무서움 같은 게 구름결처럼 스치기도 했다.

대체로 저녁밥은 맛이 있었고 그대로 식곤에 겨워 잠자리에 들기가 일쑤였다. 실컷 자고 일어나면 10시 아니면 11시, 어떤 땐 9시인 경우도 있었다. 어처구니없는 실소가 토해질밖에.

언제부터인가 나는 그러한 밤의 권태를 그 금딱지로 달래는 버릇이 생겼다. 선명하게 보인 초침 소리가 재깍재깍 앙징스러웠다. 같은 회로를 쉼없이 도는 짧은 스타카토, 한 바퀴를 도는 데 무려 예순 번을 선다. 가기 위해서 서는 것인지 서기 위해서 가는 것인지, 분침 시침을 위한 봉사인지 그에 의한 혹사인지 도무지 아리송한, 그 같은 일련의 상념들을 나는 무슨 여로처럼 소요하곤 했다.

금딱지를 보고 있으면 현재라는 개념이 가우뚱해졌다. 현재는 끊임없이 투입되는 미래를 지체없이 과거로 넘겨주는 재깍재깍의 순간처럼 보여졌기 때문이다. 현재의 한계는 어디서 어디까지인가? 현재의 실체는 과연 무엇인가? 아무리 현재가 재깍재깍의 순간이라 해도 산다는 것은 바로 그 재깍재깍을 사는 거 아닌가. 타임머신을 타지 않는 한 과거는 되돌릴 수가 없고 미래는 앞당길 수가 없을 터이니까. 그러나 어찌 보면 과거나 미래도 또 하나의 현재 같은 생각이 들었다. 과거는 추억 속에, 미래는 상상 속에 현현되는 바로 현재 그것이 아닌가. 나는 이 같은 현재들을 통합적으로 운용하는 유일한 실존이고.

생각하면 사람이란 시간 속에서 태어나 시간을 먹고 살다가 시간 속으로 사라지는 시간적 존재다. 시간은 황금이 아니라 바로 생명이다.

금딱지와 더불어 반추된 나의 이 같은 밤들은 근무처를 집 가까이로 옮긴 후에도 그대로 이어졌다. 오히려 더욱 시적인 상상의 분위기로 무르익어졌다고 해야 옳을 것이다.

그런데 나는 그 금딱지를 잃고 만 것이다. 어처구니없는 분실이다. 무엇보다 아내를 대할 면목이 없다. 해로해야 할 그녀의 호의를 저버린 꼴이 되어서다. 그 대가로 나는 불면의 밤에 재깍재깍 열리던 그 상념의 여로를 잃게 된 것이다. 깜박한 순간의 실수를 크게 자책하지 않을 수가 없다.

그러나 머지않아 나는 그 금딱지를 잊게 될 것이다. 새로운 편의를 찾고 잃어버린 것들의 복원을 꾀하게 될 것이다. 그것만이 생명으로 의식하는 그 시간에 대한 허실을 그만큼 막아주는 정성이 될 터이니까. 아— 이 인정무상을 어찌하랴. 금딱지여, 안녕!

(1995)

삼다(三多)

소년 소녀 시절, 문학에 대한 아롱진 무지개를 그려 본 사람이라면 아마도 한 번쯤은 삼다(三多)에 관한 아련한 정회(情懷)를 떠올려볼 수 있을 것이다.

다독(多讀), 다작(多作), 다상량(多商量). 내가 이 삼다를 알게 된 것은 중2 때의 일이다. 당시 국어 선생을 통해서다.

선생은 맑고 나직한 목소리가 매우 인상적인 분이었다. 한 교실을 넉넉하게 감싸안은 성량은 우리들의 수강을 무척 편안하게 했다. 에-, 저- 하는 따위 군더더기가 하나도 없는 정연한 말씨로 적당하게 조였다가 풀곤 하는 선생의 수업 운영은 그대로 한 편의 드라마였다. 그리하여 인기라고 할까, 존경이라고 할까, 선생을 향한 학생들의 호감은 거의 팬(fan)과 같은 입장이었다. 책깨나 읽고 있다는 학생들은 다투어 선생 댁을 드나들었고, 나도 사실을 털고 보면 그 중의 한 녀석이었다.

선생의 서재는 조그마했다. 북으로 난 봉창 밑엔 작은 책상이 하나 놓여 있고 책상 양편 벽은 책으로 가득 채워진 서가였다. 때문은 책등의 칙칙한 색조가 묘한 무게로 내 가슴을 설레게 했다.

내가 읽고 있는 책이 춘원(春園)의 ≪단종애사(端宗哀史)≫임을 확인한 선생께선 바로 춘원을 화제로 삼았다. ≪무정(無情)≫, ≪흙≫, ≪마의 태자≫ 등 여러 작품들을 자상하게 풀이해 주었다. 그러나 춘원의 친일 행위에 대해서는 용서할 수 없는 과오라고 비판했다. 한 번은 선생께서 직접 춘원 댁을 방문한 바 있었는데 온 가족이 일본말을 쓰고 있더라는 것이다. 춘원의 친일은 부득이한 친일이 아니라 비겁한 변절이라고 단정했다.

선생께선 화제를 바꾸어 문학의 기본은 삼다라고 했다. 다독 다작은 금방 알아들을 수 있는 말이었지만 다상량은 선생의 설명을 듣고서야 납득이 되었다. 적어도 문학을 할 사람이라면 삼다는 사람이 먹고 자고 일하는 것처럼 그것을 일상화해야 한다는 점을 몇 번이나 강조했다.

한참 만에 내가 자리를 일어설 때 선생께선 느닷없이 서가에서 책 한 권을 빼 주었다.

"이 책을 세 번 읽어라. 처음은 그냥 내리 읽고, 두 번째는 모르는 낱말들의 뜻을 찾아 적으면서 읽고, 마지막은 찾아 놓은 낱말 풀이를 참조해 가면서 천천히 읽어라."

아찔한 느낌이었다. 소설을 거듭 세 번이나 읽는다는 얘기도 처음 들어 본 말이지만 그것을 또 무슨 교과서 단원처럼 낱말까지 찾아가면서 읽는다는 건…… 공연히 찾아뵈었나 싶었다. 그러나 그것도 잠시. 선생의 책을 빌려 본다는 것은 감히 상상도 할 수 없는 일인데 선생께서 먼저 직접 책을 빌려주신 감격이 나를 몹시 들뜨게 했다.

책은 상허(尙虛)의 ≪사상(思想)의 월야(月夜)≫였다. 저절로 와 닿는 게 있었다. 선생께서 춘원을 얘기할 때 상허를 무척 호평한 대목이 떠오른 것이다. 일제가 한창 이른바 황국문학(皇國文學)을 강요했을 때 결연히 붓을 던지고 낙향하여 낚시질로 울분을 달랜 상허의 깨끗한 자세는 춘원과 크게 대비된다고 했다. 그리고 선생께선 상허를 이 땅이 낳은 위대한 문장의 조탁자(彫琢者)라고 했다. 나는 그런 분의 책을 읽게 된 것이다.

첫 번째 내리 읽기는 한밤을 지새는 것으로 감동스럽게 끝낼 수 있었다. 그러나 두 번째 읽기는 책을 읽는 것이 아니라 차라리 싸움이었다. 알지 못한 낱말들의 거창한 숲을 사전으로 방향을 찾아 돌파해야 하는 힘든 싸움이었다. 싸우다 보니 어처구니없는 웃음이 저절로 나왔다. 모르는 낱말들이 왜 그렇게도 많은지? 그러면서도 어떻게 첫 번째 내리 읽기에서는 그렇듯 눈물까지 흘릴 수 있었는지? 참으로 그 감동의 '천재성'이 가상스럽기까지 했다. 어떻든 ≪사상의 월야≫가 아니라 '무식(無識)의 백야(白夜)' 같은 자의식 속에서 낯선 낱말들의 무수한 돌부리에 채이고 넘어지면서 힘겹게 두 번째 읽기를 끝냈다. 후련한 기쁨이 뒤따랐다. 기대와는 달리 세 번째 읽기에서는 뜻밖의 복병을 만났다. 노트엔 소리는 같지만 뜻이 다른 엉뚱한 낱말들이 많이 찾아져 있고 어찌된 일인지 아예 찾지 않은 말들도 수두룩했다. 이런 낱말들을 하나하나 다시 찾아서 해당된 노트 장의 여백에다 다닥다닥 써 넣었다. 결국 세 번째 읽기는 두 번째 읽기의 짜증스런 보완 작업이 되고 만 것이다.

그런대로 마무리가 되었을 때 소설책은 물론 사전까지도 나른하게 부풀려졌다. 손때에 절은 칙칙한 색조가 선생 댁의 서가에 꽂혀 있는 여러 책들을 연상케 해서 더없는 기쁨으로 안겨졌다. 선생께선 마지막 읽기에서 추가된 얼룩진 노트의 무질서를 오히려 만족스럽게 평가해 주었다.

내게 있어서 삼다의 첫 항인 다독은 이렇듯 좀 거창한 정독부터 시작된 셈이다. 그 영향으로 나는 한 번 읽고만 책은 늘 삼분의 일만 읽은 것 같은 미흡감을 떨쳐 버릴 수가 없었다. 그러면서도 실제로는 거의 두 번을 거듭 읽은 책이 없으니 실상 내가 읽은 모든 책은 다시 읽어야 할 부담을 안고 있는 것이다.

다작, 쓰는 문제는 한동안 일기를 쓰는 것으로 워밍업만 했다. 학교에서 처음으로 발간된 ≪학우회보≫에 〈서시교(西施橋)〉란 수필을 하나 쓰곤 내내 함묵 속에 빠져버렸다. 〈서시교〉는 선생의 각별한 지도를 받은 내 최초의 유인물이다. 선생께선 군데군데 빨간 줄을 그어 놓고 그 까닭을 스스로 찾아서 다시 쓰라는 지시였다. 이를 몇 번이나 되풀이했는지 알 수 없다. 이후, 고등학교 교지나 대학 신문에 더러 글이랍시고 몇 편 썼지만 〈서시교〉처럼 정성을 다한 일은 없었다.

다상량의 문제는 책을 읽는 수준의 단편적인 생각들을 그때그때 정리해 보았을 뿐, 무엇 하나 침잠해서 그럴듯한 결론이나 구상을 얻어 본 일은 없다.

생각하면 다독이 다상량을 부르고 다상량의 문학적 구성이 창작이 된다면 다작은 역으로 구조적인 다상량을 부추기고 그 같은 다상량은 더욱 질 높은 경지의 다독으로 순환되는 것이 아닌가! 삼다는 각기 떨어진 세 개가 아니라 세 개가 하나인 삼발이 같은 것이다.

이런 시각에서 나의 경우는 설사 커닝 같은 약간의 독서와 노루 꼬리 같은 상량이 있었다 하더라도 쓰기 쪽의 황량함 때문에 한 다리가 없는 삼발이일 뿐이다.

사실은 이 글도 《사상의 월야》를 읽었던 회억처럼 그동안에 이루어진 사색이나 습작에 얽힌 수련의 이야기가 되어야 아귀가 맞는 일이다. 그걸 맞추지 못하니 절름발이 내용이 될 밖에.

다독, 다작, 다상량. 그것은 내게 있어서 여전히 고르게 일상화해야 할 큰 과제로 남아 있다.

(1993)

추상(追想)의 서정

과거를 되새기는 말들은 늘 정답다. 망각 곡선을 타고 무의식의 심연으로 사라지는 먼 사연들은 수평선을 가물대다가 홀연 소멸되는 배들처럼 망연하고 애틋하다. 그 같은 서정 때문에 과거를 되새기는 말들은 한결 따뜻한 체온을 느끼게 한다.

과거를 되새기는 말에 추상(追想)이란 말이 있다. 비슷한 말로 회상(回想)이니 추억(追憶)이니 하는 말도 있다. 이런 말 중에서 나는 유달리 추상이란 말을 즐겨 쓴다. 기이하게도 나는 회상이나 추억은 단순히 과거를 떠올릴 때 쓰는 말인데 비해 추상은 그것을 적극적으로 되찾으려는 의지가 담긴 말로 이해하고 있기 때문이다.

그런 의미에서 망각 곡선의 맨 끝까지 추상의 촉각을 곤두세워 본다. 앞뒤가 확연히 연결되지 않는 내 어린 모습이 가물

가물 정감을 자아낸다.

어머니 등에 업혀 막무가내로 떼를 쓰고 울부짖는 애기, 좌우로 몸을 비틀다간 뒤로 벌렁 누워 버린다. 재빨리 어머니가 한 손으로 등을 떠받치며 다독거린다. "나 할무니 따라 갈 거여, 할무니 따라 갈 거여……." 애기는 어머니 등을 두들기며 더욱 거칠게 흔들어댄다. 저만치서 할머니가 기차 창문을 열고 '어서 들어가라.'고 손짓을 한다. '왝- 칙칙폭폭' 기차가 이내 출발한다. 애기가 더욱 사납게 군다.

아무리 추상해도 이 그림 이상은 전혀 잡히는 것이 없다. 짙은 암흑이며 침묵이다. 나는 내 존재의 출발이 바로 이 그림부터라는 생각을 한다. 그 이전의 나는 비록 있었다 할지라도 없는 것이나 진배없는 의식 밖의 시간이기 때문이다.

추상된 그 그림의 배경을 확인한 것은 철들어 어머니를 통해서다. 장소는 고향의 기차역. 할머니는 그때 유학 중인 삼촌을 만나러 가시는 길이었다. 내가 세 살 때의 일이다.

어머니 등에 업혀 할머니를 따르겠다고 떼를 쓰는 아이, 일종의 도착 같지만 나는 그렇게 자란 사람이다. 나는 누나와 일곱 살 차이를 둔 종가의 장손으로 태어났다. 어머니의 아들이기에 앞서 할머니의 손자일 수밖에 없었다. 어머니는 내게 젖만 주었고 기르는 일은 전적으로 할머니가 맡아 하셨다.

잘 먹고 기분 좋은 날을 우리는 흔히 생일날이라 한다. 나는 할머니 덕에 이 생일날을 사흘이 멀다고 맞는 행운아였다. 할머니는 우리 대소가 식구들의 생일에 손 비비는 일(비손)을 도맡아 주관하는, 말하자면 제사장이었기 때문이다. 윗목에 차려놓은 음식 앞에서 할머니는 손을 비비시며 생일을 맞는 당사자는 물론 온 가족의 행운을 염원하는 주문을 외셨다. 염불 같기도 하고 기도 같기도 한, 그런대로 경건한 의식이었다. 의식 후의 음식 잔치는 푸짐하고 따뜻했다. 너나 없이 어렵게 살았던 그 시절에 나는 뜻밖의 곳에서 기름진 음식을 포식한 셈이다. 오늘까지도 비교적 굳강한 나의 체질은 바로 이에 연맥된 것이 아닌가 여겨진다.

나무에는 나무 귀신이 있고 둠벙(웅덩이)에는 둠벙 귀신이 있다고 할머니는 믿었다. 세상 만물은 다 존재 이유가 있고 그런 만큼 그 수호신도 있게 마련이라는 신앙이다. 함부로 나무를 베거나 둠벙을 건드려서 그 수호신의 노여움을 사게 되면 느닷없는 재앙을 맞게 된다는 것이다. 할머니는 이를 미연에 방지하기 위해서 물건 하나 옮기는 데도 신중에 신중을 기했다. 귀신을 대접해야 할 무슨 사연이 생기거나 그런 무슨 날이 되면 꼭 그에 알맞은 정성을 다했다. 밥도 짓고 국도 끓이고 등불도 켜고 손도 비비셨다. 참으로 신기하고 재미있는 일이었다.

사람들은 이 같은 할머니의 믿음을 허황된 미신이라고 일소에 붙였다. 그러나 할머니는 꼼짝하지 않았다. 더러는 미동도 하지 않는 할머니의 그 완고한 믿음을 무척 안타까워하는 사람도 있었다. 나의 경운 좀 달랐다. 할머니의 범신론은 내게 좋은 가르침을 주었다. 더불어 살아야 하는 세상 만물에 서로 나누어야 할 조신과 사랑이 어떤 것인가를 크게 일깨워 준 것이다.

개발이라는 이름으로 그렇듯 산을 헐고 바다를 더럽히고 하늘을 파훼해도 되는가? 믿음이라는 구실로 다른 종교를 사갈시하고 다른 교파를 그렇게 무시해도 되는가? 그 문명, 그 문화, 그 독단과 오만 앞에 몸서리치지 않을 수 없다. 참으로 제신(諸神)이 분노할 일이 아닌가.

추상의 막바지에서 찾아진 나, 어머니보다 할머니를 더 따르던 나, 그 같은 나 속에 깃들어 있는 할머니적인 인자, 그 공존공생의 원초적 자양은 나를 더없이 흐뭇하게 한다.

그 흐뭇함을 안고 되돌아서서 미래를 상상해 보면 막막하다. 직장의 일이나, 관심하고 있는 약간의 일들에 대해선 그런대로 예견이 되지만 그 이후는 전혀 힘이 미치지 못한다. 나는 나의 종언이 바로 이 상상의 한계라는 생각을 한다. 그 한계 밖은 비록 내가 이승의 막바지에 이르지 않았다 하더라도 내 세 살 때의 그 그림 이전처럼 없는 것이나 진배없는 일이다. 거치적거리는 건 실감되지 않는, 언젠가는 수용할 수밖에 없는 죽음의 개념이다. 그 너머는 더더욱 오리무중이다. 그대로 암흑이며 침묵이며 무다.

산다는 게 무엇인가? 따지고 보면 태어나기 이전과 죽은 후의 그 암흑과 암흑 사이의 반딧불 같은 빛이 아닌가. 침묵과

침묵 사이의 기침 같은 소리며 무와 무 사이의 티끌 같은 유다. 나 또한 할머니가 터 잡아 준, 나약한 대로 바로 그 빛이며 소리며 유다.

효도 문제를 생각한다. 할머니 생존 시 나는 할머니께 이렇다 할 기쁨 한 번 드리지 못했다. 할머니는 망각된 나의 효심을 야속하게도 기다리시지 않고 홀연 타계하셨기 때문이다. 이를 만회하는 길은 손자의 바른 성숙밖에 딴 길이 없음을 나는 잘 안다. 손자의 빛깔이 날로 선명해지고 소리가 청랑해지며 존재로서의 유가 토실토실해져야 할 일이다. 나는 또 이 같은 일들을 나의 문학 경영과 연관해서 다짐한다. 문학이야말로 세상 만물이 함께 얼려 뒹구는 빛이요 소리요 유일 터이기 때문이다.

새삼 추상되는 할머니에게 큰절을 올리고 그 품에 안기고 싶다.

(1996)

비굴산맥(卑屈山脈)

엉겁결에 우리말을 하게 되면 녀석은 기다렸다는 듯이 잽싸게 손을 내밀고 외쳐댔다.

'조셍고(朝鮮語)!'

또 한 장의 딱지를 내주어야 했다. 딱지가 줄게 된 것도 속상했지만 그보다 더욱 녀석의 날쌘 거동이 얄미웠다. '여시(여우) 같은 새끼. 그래, 조선 사람이 조선 밥 묵고(먹고) 조선 똥을 꿔어야지 왜 일본 똥을 꿔어야 하냐?'

딱지와 함께 분노처럼 내던진 말이다. 언제 누구로부터 번진 말인지는 모르지만 당시 우리 꼬마들 사이에는 겁도 없이 이런 말을 지껄여댔다. 일제(日帝)가 우리말을 못 쓰게 하고 자기네 말을 '국어'라고 강제했던 그 시절, 이른바 고꾸고조요(國語常用) 정책의 일환으로 초등학교 꼬마들에게 이 같은 딱지

뺏기를 시켰던 것이다. 놀라운 간지(奸智)가 아닐 수 없다.

한편, 집안 어른들은 더욱 우리 것 지키기에 정성을 다했다. 전래의 민속을 존중하고 조상을 섬기는 일에 한 번도 소홀함이 없었다. 훌륭한 뿌리 교육으로 흐뭇하게 추억된다.

나는 녀석처럼 '국어'라는 일본말에 약삭빠르진 못했지만 지나치게 지지부진하지도 않았다. 학교에선 일본말을, 집에선 우리말을, 꾸중듣지 않을 만큼 적당히 꾸려나갔다. 말하자면, 나는 일찍부터 두 개의 언어 사이를 오가는 두 얼굴의 아이로 자란 것이다.

이름도 성도 몰라서 '몽둥이'라고만 불렀던 ㅊ교 선생이 불쑥 우리 학교로 부임해 왔다. 아니, 저 몽둥이가 쪽발이가 아니던가? 알 수 없는 일이었다. 해방 조국에 되다 만 쪽발이가 계속 선생을 하다니? 증오의 핏발이 섰다.

또래들과 함께 ㅊ교에 놀러간 일이 있었다. 그네도 타고, 시소도 타고, 재미있게 숨바꼭질도 했다. 갑자기 예의 몽둥이가 나타나서 우리들의 종아리를 피멍이 들도록 호되게 때렸다. 죄명은 '조선말 사용.' 몽둥이는 그것도 부족해서 해가 질 때까지 우리를 그 자리에 꿇어 앉혀 놓았다. '몽둥이 새끼 커서 보자. 무시 뿌렁이(무뿌리) 못 묵을 때 가만 둘 줄 아나. 에이 재수 없어.' 모두들 한 마디씩 욕을 토해냈다.

그 몽둥이가 김 아무개 선생으로 소개되었다. 새삼스럽게 종아리의 피멍이 쑥쑥거린 것도 같고 근질근질한 것도 같았다. 저만치 김 선생이 나타나면 나도 몰래 방향이 바뀌지거나 고개가 돌려졌다. 아예 맞부딪치지 않기로 했다. 그런데도 한 번 복도에서 정면으로 맞부딪쳤다. 순간 빳빳하게 굳어졌다. 김 선생은 알 수 없는 미소를 흘렸다. "음 너로구나. 퍽 이지적으로 생겼군." 하고 어깨를 다독이며 지나갔다. 이지적? 웃기는 얘기였다. 감정이 부글부글 끓고 있는데 이지적이라니? 에이 재수 없어. 학교를 그만둬야지…….

그러나 나는 결국 학교를 졸업했다. 물론 한 번도 김 선생에 대해 불만을 토로하지도 못했다. 거역스런 감정과 이를 내뱉지 못하는 못남 사이를 분주히 오가다 만 것이다.

한편에서 '대한 사람 대한으로' 하면 또 한편에선 '조선 사람 조선으로' 라고 애국가의 후렴이 두 소리로 나왔다. 해방 정국의 분열상을 그대로 나타낸 현상이었다. 친구들이 어느 편이냐고 물으면 물을 게 따로 있지, 그야 분명한 것 아니냐고 어정쩡하게 대답했다.

대한 사람 편에선 학련(學聯)에 가입하기를 권했다. 조선 사람 편에선 독서회에 나오라고 했다. 어디고 조직 속에 낀다는 게 겁나고 귀찮아서 다 사양했다.

정부 수립 후, 독서회 친구들이 약속이나 한 듯 경찰서를 드나들었다. 한 사람 두 사람 시나브로 다른 학교로 전학을

갔다. 학련 친구들이 학생회 조직을 독차지하게 되었다. 그런대로 안정이 되는가 했더니 뜻밖에 6 · 25전쟁이 일어났다.

인공 시절, 독서회 친구들이 유학생 동맹을 만들었다. 학련 친구들이 사흘이 멀다고 불려 다녔다. 그들은 이른바 의용군을 자원케 하기 위한 군중 대회에도 곧잘 동원되었다. 얼마 안 되어 전선이 북쪽으로 깊숙이 물러서게 되었다. 유학생 친구들은 삽시간에 어디론가 사라졌다. 학련 사무실이 다시 활기를 찾았다.

나는 이 와중에서 친구에 대해서, 이데올로기에 대해서, 아니 산다는 것 그 자체에 대해서 깊은 회의에 빠졌다. 뭐라 말할 수 없는 허탈감이 판단 정지의 묘한 나락을 서성이게 했다. 그래도 해는 뜨고 또 지고 있었다.

군인들이 나라를 차지하는 5 16 쿠데타가 일어났다. 그들은 스스로 5 · 16은 4 · 19의 계승이라고 했다. 얼른 납득이 되지 않았지만 카키색의 강변 앞에 감히 혼잣말도 뻥긋하지 못했다. 함석헌 선생이 이를 시원하게 풀어 주었다. 5 · 16은 4 · 19의 계승이 아니라고. 5 · 16은 총 든 자가 총 안 든 자를 향해서 한밤중에 일어난 사건이고 4 · 19는 총 안 든 자가 총 든 자를 향해서 한낮에 일어난 사건이라고. 나는 무릎을 쳤다. 그러나 그뿐. 함 선생의 연행 소식과 함께 더욱 움츠러들고 말았다.

한국적 민주주의를 위해서 국적 있는 교육이 강조되었다.

자유를 위해서 반공해야 한다는 이념의 자유는 반공을 위해서 약간은 유보해야 한다는 수단개념으로 바뀌어졌다. 유신체제가 성립되고 줄줄이 긴급조치가 이어졌다. 그에 버금한 저항이 일어났다. 총 든 자에 대한 총 안 든 자의 처절한 싸움이었다. 나는 웅숭그린 채 학생들에게 교과서를 읽어주는 것으로 나날을 보냈다.

무슨 무슨 차원에서 어쩌구저쩌구 하면 그것은 금방 무소불위(無所不爲)의 힘이었다. 밤 9시가 되면 이 힘은 중천금의 바위로 TV에 나타났다. 그러나 그 바위를 감히 부수겠다고 자청하는 열혈의 계란들이 날로 늘어났다. '책상을 탕 치니 억 하고 죽었다.'는 희한한 시나리오가 결국 6 · 10 함성의 도화선이 되어, 계란이 바위를 깬 역사의 정기가 현현되었다. 나는 판에 박은 일상 속에서 그저 이크!, 아! 하는 감탄만 외쳤다.

고위 공직자들의 재산이 공개되었다. 사정의 온풍이 얼어붙은 불모의 땅을 녹이기 시작했다. 법을 만들고 집행하는 높은 곳에서 사태가 일어났다. 그 사태 속에서 토사구팽(兎死狗烹)이니 격화소양(隔靴搔癢)이니 하는 어려운 말이 튀어나왔다. 역시 참새의 '짹' 소리와는 격이 다른 해박에 놀라지 않을 수 없었다. 땅과 바다와 하늘을 지키던 많은 별들도 우수수 떨어졌다. 야릇한 보상심리의 쾌감 같은 속 바람을 부인할 수가 없었다.

그러면서도 나는 이내 어이없이 움찔해지고 말았다.

공개가 부끄러울 재산도, 아니 그에 앞서 공개할 자격도, 떨어질 만한 벼슬도 없는 주제에 시의에 편승해 어쩌구저쩌구 입을 연다는 것은 더없이 초라한 모습일 터이기 때문이다. 무소유의 행복론은 이미 다리 밑 거지 부자의 전유물이 아니었다. 입이 다물어질밖에.

못남과 두려움으로 대자(對自) 대타(對他) 간에 결국 '좋은 게 좋은 것'으로 타협하고 만 내 연면한 인생 산맥에도 진정한 푸르름이 있는 것일까? 그것도 살아남은 생명력이라고 과연 말할 수 있을까? 불꽃 튀듯 역사를 바로 산 용기 있는 사람들에게 가만히 참괴의 머리를 숙이지 않을 수 없다.

(1993)

명모(明眸) 시대

눈은 귀처럼 붙박이로 열려 있어야 하는 것 아닌가? 귀는 눈같이 오히려 여닫을 수 있어야 하는 것 아닌가? 코는 악취의 흡입을 제대로 조정하는 필터 같은 게 붙어 있어야 하는 것 아닌가? 다듬어 외워야 할 공부거리가 태산 같은데 눈꺼풀이 쇠붙이 만난 자석처럼 찰싹 붙어서 떨어지지 않을 때, 마음먹고 책상머리에 앉아 있는데 타작 마당의 도리깨 소리와 '허잇' '허여' 하는 타작꾼의 힘 태우기 소리가 줄기차게 귓속을 파고들 때, 문을 꼭 닫고 있는데도 분뇨 쳐내는 냄새가 종일 콧구멍을 들쑤실 때, 나는 감히 위대한 신의 의장에 불만을 토하는 천방지축(天方地軸)의 아이였다.

'명모(明眸)'는 말하자면 이런 유의 엉뚱한 생각에 곧장 사로잡히는 고만고만한 녀석들의 결사(結社)다. 처음부터 그런 이름을 짓고 의도적으로 조직한 단체는 아니다. 이른바 급비생(給費生)이란 딱지가 붙은 '천재'들이 노상 붙어 다니면서 조잘거리다 보니 유유상종(類類相從)으로 한 덩이가 된 것이다.

당시 중학교는 6년제였다. 그러나 한편 중학교 3년을 나와서 입학하는 고등학교 제도가 새로이 생겼다. 옛 일본 고등학교 제도를 본뜬 것이라고들 했다. 입학 때부터 문과 이과가 나누어지고 학급 정원도 25명이었다. 걸핏하면 일본의 '1고'니 '3고'니 하는 학교의 천재들이 자행했다는 기행담(奇行談) 같은 게 소개되었다. 우리 쪽에서도 그런 유의 천재성이 은근히 발현되길 기대하는 분위기였다. 그런 것이 일반 중학교 4, 5, 6학년 학생들과 차별되는 가시적인 모습이라고 여겼던 것 같다. 과목도 논리학, 심리학, 철학, 윤리학, 심지어 교육학까지 있었다. 수학도 삼각법, 고등대수, 해석기하, 미적분 등으로 나뉘어 열강되었다. 그러나 이 '25명의 천재'들이 2학년으로 진급하기 직전 또 학제가 바뀌었다. 6년제 중학교가 중 · 고로 나뉜 것이다. 25명의 천재들은 새 고등학교 70명쯤 되는 거대 학급의 한 미물로 기행다운 기행 한 번 제대로 해보지 못한 채 조용히 묻히게 되었다.

'명모 시대'는 이 두 고등학교를 앞뒤로 건 한창때의 이야기다. ㅅ선생의 권유로 처음 대여섯 명이 모였는데 나중엔 열 명 정도가 더 불어났다. '명모'라는 이름도 ㅅ선생의 아이디어였다. 밝을 명(明) 자야 다 아는 바지만 눈동자 모(眸) 자는 처음

보는 글자였다. 국어사전에도 그런 말은 나와 있지 않았다. 다만 '명모호치(明眸皓齒)'라는 말이 있었다. 맑은 눈동자와 하얀 이, 곧 미인을 비유하는 말이라고 풀이되어 있었다. 새삼 멋진 이름이란 생각이 들었다. 결국 우리는 그 이름에 걸맞게 우리의 생각이나 서정을 가꾸어야 한다는 부풀린 자긍심을 날로 새롭게 했다.

대학에 가는 문제도 공부하는 문제도 다 스스로 결정하고 시행해야 하는 학교 분위기였다. 보충학습은 우리끼리 했다. 대학입시와 연관된 몇몇 과목을 그 과목에 강한 친구를 강사로 지목하고 방과후면 스스로 선생도 되고 학생도 되는 갸륵한 공간을 운영했다. ㅇ군의 '순열 조합' 강의와 ㄹ군의 '정부 조직' 강의는 정상 수업을 무색하게 하는 정연함이 있었다.

나는 춘원(春園)을 얘기했다. 백철(白鐵)의 ≪근대문학 사조사≫를 서브 노트한 것이다. 딴은 꽤 준비를 했는데 친구들의 '명모'가 안개 낀 '수모(睡眸)'로 바뀌는 교육력이 발현된 것이다. 당혹한 가운데 김동석(金東錫)의 〈위선자의 문학, 이광수론〉이 덧붙여졌다. 나도 모르는 응급조치였다. 삽시간에 '수모'가 '명모'로 되돌아오는 신통력이 나타났다. 그도 그럴 것이 소설 ≪사랑≫을 위요한 연애론의 시비는 그만큼 우리에게 상큼한 충격이었기 때문이다. 그런 것도 대학입시에 나올 것인가? 내심 무색하고 부끄러웠다. 그러나 박수까지 받으며 하단하는 영광을 누렸다.

우리는 심심찮게 '칼피스의 밤'을 지새웠다. 막걸리에 사카린을 타서 찬물에 채웠다가 한 컵씩 나누면서 그 밤을 '칼피스의 밤'이라고 명명했다. 그 맛이 그 맛 아니냐는 ㄱ군의 익살 때문이다. '칼피스의 밤'은 오히려 '뭐냐'의 밤이기도 했다. 인생이 뭐냐, 사랑이 뭐냐, 진리가 뭐냐, 가치가 뭐냐 하는 따위, 뭐냐를 끝도 갓도 없이 물어댔다. 학교에서 배운 밑천에다 쇠털 하나라도 더해 보고 싶은 의욕에 불과했지만 그래도 그것은 우리에게 밤을 지샐 수 있는 충분한 가치가 있었다. 제법 본질을 추구하는 '명모'를 껌벅이었던 것이라고 할까.

우리가 한 일 중에서 기념비적인 것은 아무래도 교지의 창간이다. 대학입시 걱정만으로도 벅찬 시기에 교지를 낸다는 것은 기행이라면 기행이다. 학교장의 발간사와 문인 방문기 몇 쪽을 제외하곤 모두가 학생 작품인데 그 필전이 거의 명모 회원이다. 마치 문예 동인지 같은 꼴이 되고 만 것이다.

미당(未堂)의 방문을 잊을 수 없다. 그의 시 〈문둥이〉에 대해서 그는 "그건 하나의 상징시야. 천형의 문둥이를 상징해 쓴 것인데…… 그것에 내가 쓸라던 건 '꽃처럼 붉은 울음을 밤새 울었다.'야. '애기 하나 먹고'란 구절은 별 깊은 뜻이 없어. 그런데 북으로 간 임화(林和)가 그걸 들춰내서 나를 '악마주의자'라고 비평했거든……" 하하하. 우리도 덩달아 웃었다.

상허(尙虛)의 문장 연마를 중심한 순수(純粹)와 동리(東里)의 인간 이해를 중심한 순수의 대비도 인상 깊게 남아 있는 한 대목이다.

스트라이크를 주도한 일도 있다. 어떤 과목의 강의에 대한 불만이 시험 거부로 치달은 것이다. 공부깨나 한다는 녀석들의 백지동맹 제의는 전광석화의 호응으로 합의되었다. 시험지를 받자마자 우리는 그 상단에 반, 번호, 이름을 적고 뒤집으나 마나한 백지를 그래도 정상적인 것처럼 엎어놓고 일어섰다. 가슴이 뛰었다. 그러나 오히려 가슴을 활짝 펴고 유유히 교실을 빠져나왔다. '아니 이놈들이…… 야!' 당황해 하는 감독 선생의 외침을 가볍게 묵살하고 우리는 때 만난 썰물이 되었다. 그 후유증을 생각하면 지금도 종아리에 피멍이 돋는다. 아니 생기 넘친 보디페인팅 같은 한 그림으로 회억된다.

나는 이따금 나의 '명모 시대'를 요즘 고교생들과 견주어 본다. 요즘 학생들은 넉넉한 형편 속에서 한껏 공부에 열중하고 있다. 잘도 외고 아는 것도 많다. 그러나 그들의 눈동자는 '명모'가 아니라 늘 걱정이 서리고 핏발이 선 눈동자다. 대학입시의 덫에 걸려 있는 것이다. 만일 이런 일상이 그대로 굳어진다면 그 덫에서 풀린다 해도 또 다른 덫에 스스로 매달리게 될지 모른다. 명모는 덫을 빠져나와 덫을 바라볼 줄 아는 맑고 밝은 슬기다.

나는 나의 '명모 시대'를, 조촐했지만 따뜻한 정신의 요람으로 늘 미소짓는다.

(1996)

아버지와 아들

우연히 아버지의 통지표(성적표)를 보게 되었다. 가슴이 뛰고 손이 떨리는 감동을 어쩌지 못했다. 아버지가 공부를 썩 잘했다는 할머니의 회향병(懷鄕病) 같은 얘길 자주 듣기는 했지만 나는 늘 건성이었다. 그토록 공부를 잘했다면 군청이나 조합 같은 곳의 서기가 되어 자전거 페달을 팽이 돌리듯 했어야 옳았기 때문이다. 평범한 농사꾼의 몰골로 집안일이나 돕고 있는 아버지가 공부를 잘했다니 얼른 납득이 되지 않았다. 그러나 아버지의 통지표는 나의 이 같은 휘굽은 생각을 짜릿하게 바로잡아 주었다. 할머니의 말이 사실이었다.

아버지는 우등생이었다. 소학교(초등학교) 전 성적이 다 갑(甲 : 수)이고 을(乙 : 우)이라곤 체조(체육) 한 과목에 두 번인가 창가(음악)가 추가된 정도의 우수한 수준이었다.

아버지는 이상하게도 할아버지의 아들답지 않게 허약했다. 식사량부터 비교가 되지 않았다. 할아버지 양의 삼분의 일도 다 되지 못했을 것이다. 이 같은 에너지로 할아버지가 주도한 우리 대·소가의 농사를 경영하기란 아예 엄두도 못 낼 일이었다.

농사일은 이미 분가해서 호주가 된 작은아버지들과 할아버지가 다 알아서 꾸려나갔다. 아버지의 목소리는 그 체력만큼이나 나약한 것이었다.

할머니는 아버지의 이 같은 위상을 이따금 붉으락푸르락 역성했고 그럴 때마다 가만히 내쏟는 어머니의 한숨은 나를 더없이 안타깝게 했다.

그러나 아버지의 통지표를 본 다음, 내 생각은 완연히 달라졌다. 농사일 따위에 좀 뒤처진 것은 문제도 되지 않았다. 아버지의 '천재'가 곧 내게서도 발현될 것 같은 근질근질한 황홀감을 어쩔 수 없었다.

아버지의 꿈은 사범학교를 나와서 훈도(訓導 : 초등교사)가 되는 일이었다. 그러나 그 꿈은 출발선에서 좌절되고 말았다. 필기 시험엔 통과되었으나 신체 검사에서 걸리고 말았기 때문이다.

할머니도 울고 아버지도 우는 충격의 벼랑에서 아버지는 결국 할머니의 오지랖을 벗어나지 못하는 어설픈 농사꾼이 된 것이다. 아니 농사라는 이름의 체조를 하게 된 것이다.

아버지가 하는 일은 주로 소 뜯기는 일과 쇠죽 쑤는 일이었다. 꼴머슴이 있었지만 그는 이름 그대로 꼴 베는 일과 잔심부름만으로도 잠시나마 엉덩이 붙일 겨를이 없었다.

소 뜯기는 일은 그다지 힘든 일이 아니다. 아침을 먹고 어디고 시원한 곳에 소를 내매고 들어왔다가 점심 후에 다시 나가서 풀 좋은 냇가나 도랑가를 소가 풀을 뜯어먹는 대로 싸목싸목 따라가기만 하면 된다. 소의 목덜미나 뒷다리 사이에 자주 붙어 있는 진드기들도 떼어 주고 달라 붙은 파리 떼들도 쫓다 보면 어느새 해는 기울고 소는 팽팽하게 만복이 되어 있는 것이다.

그러나 쇠죽을 쑤는 일은 그리 간단하지 않다. 쇠죽은 여름철 소를 뜯길 수 있는 날을 제외하곤 일 년 내내 아침저녁으로 쑤어야 하기 때문이다. 사람의 밥짓기와 하나도 다를 것이 없다. 쇠죽가마에 여러 통의 쇠죽물을 붓고 여물을 넣고 콩깍지나 수수, 겉보리 등 잡곡을 적당히 섞어 푹 삶아야 한다. 아궁이에 불을 때는 일은 보통일이 아니다. 쭈그리고 앉아서 불길이 사위지 않게 삭정이를 꺾어 넣어야 한다. 여름엔 확확 끼얹는 열기를 안아야 하고 겨울엔 옥조이는 차가움을 등지고 있어야 한다.

아버지는 이 같은 어려움 가운데에서도 가끔 흐뭇한 여백을 즐겼다. 여름엔 하지감자를, 겨울엔 고구마를 몇 개씩 숯덩이를 만들어 우리에게 주었다. 두텁게 굳어진 숯덩이 껍질을 꺾어내면 포근한 속살이 아버지의 깊은 정으로 교감되었다. 손과 입술에 묻은 숯검정은 할아버지에게 들키기 전에 화급히 닦아야만 했으니!

아버지는 한 번도 공부를 다그친 일이 없었다. 늘 잘 먹고, 잘 놀고, 건강해야 한다는 주장이었다. 성적이 떨어져도 야단친 사람은 아버지가 아니라 어머니와 작은아버지들이었다.

작은아버지들이 호주로서 사촌들에게 직접 월사금(수업료)도 주고 용돈도 주었을 때 아버지는 우리들에게 이를 할아버지로부터 타다가 주었다. 아버지의 '주머니 밥'은 노상 넉넉지 못한 입장이었다.

어느 추운 겨울, 전신주가 윙윙 울어대는 칠흑의 밤에 아버지는 홀연 이승을 떠났다. 할아버지의 소리 없는 오열과 어머니의 회한에 찬 호곡(號哭) 속에 나는 침묵의 백상여를 뒤따르는 초라한 상주가 되었다.

이에 비하면 훨씬 뒤의 일이지만 할아버지의 타계는 호사로운 종언이었다. 때도 4월, 소리 없이 돋는 새움처럼 할아버지는 눈을 감았다. 화려한 꽃상여를 타고 많은 복인들과 긴 만장의 축복 같은 애도 속에 조용히 할머니 곁에 묻혔다.

나는 편모를 모시고 동생들을 거느리는 호주가 되었다. 할아버지의 집과 논과 밭이 다 내 앞으로 상속이 되었다. 갑자기 부자가 된 것이다. 그러나 그것이 내겐 어쩐지 거북하기만 했다. 아버지의 자리를 찬탈한 것만 같고 어머니를 무시한 것만 같은 죄스런 심정이었다. 더구나 어머니가 벼 판 돈까지 내게 맡겼을 때는 묘한 두려움까지도 느껴졌다.

생각 끝에 나는 아버지 이름으로 통장을 하나 만들었다. 집안의 수입은 물론 내 봉급까지도 다 이 통장에 넣었다. 말하자면 아버지에게 바친 것이다. 아버지 도장을 어머니에게 맡겼다. 어머니는 "참 별일도 다 있다. 그런다고 죽은 사람이 살아온다냐." 하고 핀잔이었지만 내심 놀라워하는 것 같았다. 이후 우리는 '아버지 통장'을 새 호주로 모시는 가족이 되었다.

한 번은 친구와 얼려 이승과 저승을 오가는 술의 판다지를 지샌 일이 있었다. 뒤처리를 어머니에게 매달리지 않을 수가 없었다. 어머니는 대뜸 "네 아버지가 야단치시겠다." 하고 도장을 던져 주곤 밖으로 나가 버렸다. 매우 곤혹스러웠다.

그 춘사(椿事) 이후, 아버지에게 걱정 듣는 일이 없도록 통장에서의 인출이 자연스럽게 신중해졌다.

그러나 주민등록번호가 생기고 통장에도 이를 기록하게 되면서 아버지의 통장은 역시 이승을 뜨게 되었다. 또 한 번 아버지를 여의게 된 것 같은 허전함을 어쩌지 못했다.

생각하면 부질없는 욕심일지도 모른다. 아버지의 성적만 한 재분도, 쇠죽 쑤기만 한 항심도 펼쳐보지 못한 못난 아들이면서도 그런대로 건강한 나날을 엮고 있는, 나의 모습이 아버지의 작은 위안으로 이어졌으면 하는 바람을 떨칠 수 없으니…….

(1992)

할아버지와 손자

할아버지는 이름난 농사꾼이었다. 파종에서 수확까지의 모든 일을 달력보다도 소상히 알고 있었다. 쟁기질 써레질은 물론 김매는 작은 일까지도 못하는 일이 없었다. 배지도 드물지도 않게 씨앗을 뿌리는 솜씨와 더하지도 덜하지도 않게 골고루 비료를 뿌리는 솜씨는 작물이 싱싱하게 돋아 올랐을 때, 그대로 훌륭한 한 폭의 그림이 되게 했다. 눈짐작이 바로 잣대이고 손끝이 곧 저울이었다.

할아버지는 매우 부지런했다. 새벽같이 일어나서 삽이나 살포를 들고 꼭 논과 밭을 한 바퀴 둘러보았다. 비바람이 사납게 몰아치는 날은 더욱 마음을 썼다. 손볼 일이 생겼을 땐 그 규모에 따라서 머슴을 시키기도 하고 놉을 얻기도 해서 재빨리 대처했다. 밭작물이나 논작물이 항상 잘 자랄 수 있도록 부지런히 살피고 손질을 했다. 가을걷이도 때를 놓치는 일이 없었다. 곡식들은 고방(庫房)에 쌓여졌고 채소들은 갖가지 김장으로 담겨졌다.

농한기의 할아버지는 더욱 바쁘고 부지런했다. 가마니를 짜고 초석(草席)을 짜고, 덕석(멍석)을 만들었다. 더러는 고운 미투리도 삼았다. 할머니를 도와서 목화 다래를 까는가 하면 실타래를 풀어주기도 하고 실꾸리를 감기도 했다.

할아버지는 공작 솜씨가 대단했다. 집에서 쓰는 웬만한 기구는 다 손수 만들었다. 괭이, 곡괭이, 쇠스랑, 살포, 호미, 낫, 칼, 도끼 등 나무자루를 끼워서 쓰는 모든 연장들은 쇠붙이만 대장간이나 철물점에서 사올 뿐, 모두 산에서 미리미리 떠다 놓은 것을 꼭 손수 끼웠다. 지게, 발채, 삼태기, 써레, 못발, 고무래, 밭고무래, 갈퀴, 넉가래 심지어 물레, 베틀에 이르기까지 나무로 만들어진 모든 기구는 하나같이 손수 만들었다. 며칠을 두고 싸목싸목 쟁기를 만든 일도 있었다. 대목들이 만들어 놓은 것처럼 미끈하지는 못했지만 쓰기에는 그런대로 오래가고 단단했다.

할아버지는 매우 검약하였다. 할아버지가 집안의 모든 물건을 손수 만들어 썼던 것도 실은 이 검약과 깊게 연관된다. 할아버지의 검약을 상징적으로 나타낸 것은 외양간 위에 설치된 더그매였다. 더그매에는 꽤 큰 궤짝이 세 개가 있었다. 하나에는 톱, 끌, 대패 등 여러 가지 연장이 담겨 있고 다른 하나에는 헌 못, 돌쩌귀, 나사 등 쇠붙이 폐품들이 들어 있고 또 다른 하나에는 목기 깨진 것, 소반 다리 부러진 것 등 각종 나무토막이 가득 들어 있었다. 더그매에는 또 언제 어디에 쓰일 것인지 알 수 없는 크고 작은 굵고 가는 작대기들이 한구석에 가지런히 쌓여 있는가 하면 엿장수에게나 주어 마땅한 헌 냄비, 양동이, 깡통 등 쇠붙이들이 꽤 모아져 있었다. 이것들은 다 할아버지에 의해서 조만간 새 생명이 주어질 생활기기 제작의 훌륭한 소재들이었다. 그리고 그대로 할아버지의 검약을 상징하는 것이기도 했다.

할아버지는 깨끗한 삶을 영위했다. 횡재니 횡수니 하는 말은 평생 모르고 살았다. 뿌리고 가꾼 만큼 거두어들인다는 농사꾼의 진리를 한 번도 어긴 일이 없었다. 성실을 다하고 말없이 결과를 수용하는, 말하자면 진인사대천명(盡人事待天命)의 느긋한 삶이었다. 할아버지는 또한 상탁하부정(上濁下不淨)의 질서를 평생을 두고 어김없이 실천하는 본을 보여 주었다.

할아버지는 글이 그다지 깊지 못했다. 지방(紙榜)이나 축문을 쓰고 읽을 정도의 수준이었다. 그런데도 스스로 다하지 못한 학문에의 향수 때문인지 학문하는 분들에 대한 외경심이 남다른 바 있었다. 선대로부터 물려받은 약간의 문집과 사서삼경을 보물처럼 아끼고 자랑했다.

나는 이 같은 할아버지의 장손이다. 초등학교 입학원서에서부터 학교를 마친 후의 이력서에 이르기까지 내 해묵은 문서의

'호주와의 관계' 난에는 모두 최 아무개의 장손으로 기록되어 있다. 아버지가 병약했던 일생을 환갑도 채 맞기 전에 할아버지에 앞서 마감했기 때문에 나는 끝내 할아버지의 장손으로 존재했고 어느 아침 일약 호주로 변신했던 것이다.

언제부터인가 나는 할아버지와 나를 본의 아니게 견주면서 매양 얼굴을 붉히는 묘한 버릇이 생겼다.

나는 겉보기에서 우선 할아버지를 따를 수가 없다. 할아버지는 육 척 장신이었는데 나는 그보다 세 치도 더 넘게 모자라는 작은 키다. 할아버지는 갸름한 얼굴에 오목 패인 눈과 우뚝한 코가 요새 말로 가히 서구적이었는데 나는 얼굴은 갸름하지만 안구가 튀어나오고 코가 평범해서 할아버지 풍모와는 비교할 수가 없다. 할아버지는 코밑과 아래턱의 풍성한 백수(白鬚)가 범접할 수 없는 위엄이 있었는데 나는 그럴 만한 수염 자체가 없다.

나는 할아버지만큼 부지런하지도 못하고 또 그만한 손재간도 없다. 매사를 작품 만들 듯한 장인 정신도 없고, 검약하는 마음도, 숭문(崇文) 의식도 할아버지와는 아득한 거리에 있다. 할아버지 덕으로 학교는 다 다녔지만 진인사(盡人事)하고 그 결과를 천명(天命)으로 받아들이는 빈 마음도 없다. 웃물로서의 청정 의지도 빈번히 흐려지고 있음을 부인할 수 없다.

할아버지는 대소가를 훌륭하게 이끈 향도(嚮導)였다. 대소가의 농원을 한 영지로 묶고 다같이 갈고, 뿌리고, 거두는 창조적인 작업을 해마다 새롭게 이끌었다. 단순히 농사를 짓는 게 아니라 농사라는 예술품을 거창하게 만들어냈다. 마당을 바꾸면서 한 해 한 해를 구조화하고 마침내 열두 마당 대단원을 조용히 종막한 것이 할아버지 생애라면 나와는 너무나도 대조적이다. 농원이 무너지고 대소가가 흩어지는 큰 소용돌이 속에서 나는 고작 네 식구를 이끌게 된 초라한 봉급 생활자로 전락되었기 때문이다.

할아버지는 임종 시에 어머니의 청에 따라 마지막 말을 남겼다. 경황 중에 그 말은 별 뜻 없이 들렸다. 한참 지나고 나서는 그럴 듯하게 느껴졌고 요즈음에 와선 오히려 외경스럽게 여겨지는 유언이다. 농사꾼으로서의 진정이 밴 유언이었다. 할아버지가 총생들에게 쏟은 정성만큼 총생들이 잘하고 있다는 할아버지의 믿음을 남김없이 나타내는 유언이었다.

'너희들이 그만하니 아무 할 말 없다.'

과연 나도 이 같은 유언을 할 수 있을까? 나도 몰래 얼굴이 붉어진다.

(1992)

삶 자체를 수필처럼

나는 촌뜨기다. 선 자리에서 삼백육십 도를 다 돌아도 감싸주는 건 산, 산뿐인 분지, 그 아늑한 곳이 내 요람, '꿈엔들 잊힐 리야'다. 화엄사에 올라 지리거산(智異巨山)을 등지고 앞을 바라보면 저만치 감돌아 나가는 섬진청강(蟾津淸江)이 눈부시다. 거산과 청강의 호응으로 부드럽게 가꾸어진 옥토! 나는 그 자양을 먹고 자란 신토불이다.

지리산 봉우리에 어느새 눈이 덮이고 또 문득 풀리기도 하는 초겨울쯤의 어느 날, 그 가장 낮은 지점에 난데없는 흰빛이 돋아난다. 오른편 노고단(老姑壇)과 왼편 종석대(鍾石台) 자락이 각기 좌우로 비스듬히 내리닫다가 마주치는 지점, 사람들은 그곳을 그냥 노고단이라 하기도 하고 무넹기(무넘이)라고 부르기도 한다. 바로 그 무넹기에 누가 성냥불이라도 그어댄 듯 갑자기 흰 빛이 밝혀진다.

저게 뭔가? 어린 나는 그것을 뚫어지게 바라보았다. 조금씩 움직이는데? 흰곰인가? 아니 흰 호랑인가? 와락 무섬기가 들었다. 그러나 나는 그것이 들녘으로 내려온다 해도 그 사이에 충분히 안방으로 도망칠 수 있다는 희한한 계산을 해냈다. 제가 아무리 빨라도 무넹기에서 여기가 어딘데…… 한참 후에 나는 어쩌면 그것은 지리산의 겨울 문지기일 거라는 편안한 상상을 했다. 그리곤 혼자서 회심의 미소를 지었다.

"불 켜진 것 봤냐? 흰곰 봤냐? 흰 호랑이 봤냐?" 또래들과 어울렸을 때 의젓하게 쏟아놓은 나의 질문이다. 아니 거드름이다. 바싹 호기심이 돋은 녀석들이 다투어 '언제, 어디서'를 합창하듯 반문했다. 나는 어설픈 동문서답으로 잠시 뜸을 들인 후, 무넹기에 나타난 불과 곰과 호랑이를 지금, 여기서 환히 본다고 이실직고했다. 폭소와 냉소가 뒤섞였다. 나는 간단히 실없는 아이가 되었다. 그러나 해명의 필요를 느끼지 않았다. 한 발짝 물러선 느긋한 심정으로 오히려 고개만 끄덕끄덕했다.

훨씬 훗날, 그곳을 답사하고 설익은 짐작들을 까우뚱거리고도 나는 아무 말하지 않았다. 아니 오늘까지도 무슨 비밀이나 된 것처럼 그것을 사뭇 함묵하고 있다. 그러나 나의 문학하는 마음은 바로 이런 데서 싹튼 것이 아니었나 싶다.

섬진강 하면 물이 맑기로 유명하다. 마을 앞을 흐르는 서시내(西施川)를 따라 잠시 내려가면 이내 맑고 넓은 물줄기가 앞을 가로막는다. 그 흐름 속으로 냇물이 서슴없이 묻혀 버린다. 서시내와 섬진강이 하나가 되는 곳이다. 내 둔덕과 강 둔덕도 한 들로 펼쳐진다. 그곳을 사람들은 '양젱이'라 부른다. 여름날, 거기 서서 문득 고개를 들면 건너편 백사장엔 생명의 탄주 같은 이글대는 삼삼이가 넘쳐나곤 했다.

서시내는 어디 갔는가? 왜 금방 자취도 없이 사라지는가? 무슨 죄를 지어서 말 한 마디 못하고 먹히는가? 강물도 조무래기들을 불러 모아 멋대로 내닫는 키 큰 골목대장 같다는 생각을 했다.

어느 날 우연히 양젱이를 나갔다. 희한한 현상을 보았다. 섬진강 상류에 무슨 일이 있었는지 강물이 온통 홍수 빛이다. 서시내의 맑은 물이 그 홍수 빛 가장자리를 투명하게 채색하고 있다. 그러나 그 세가 너무나 요요했다. 서시내의 힘이 그 정도밖에 안 되었던가? 좀 씁쓸한 심정이 되어 잠시 그 희한한 합류를 한참 굽어보았다. 강물을 옆구리 찔러 맑혀보려는 냇물의 푸른 항심이 문득 눈물겹게 느껴졌다.

반대의 경우도 보았다. 쓸어 갈 듯 퍼붓던 장대비가 변덕처럼 멎은 어느 하오, 나는 특별한 일이 있었던 것도 아닌데 그냥 양젱이로 내달렸다. 이건 또 뭔가? 강물은 그대로 맑은데 냇물은 무엄하게도 흙탕이 아닌가! 분노의 몸부림처럼 강물을 윽박지르는 세찬 흙탕 흙탕…… 그러나 강물은 이를 그 가장자리에 너그럽게 안으며 달래고 얼른다. 나는 그 화답의 흐름을 천천히 따라가 보았다. 떼쓰던 어린이가 엄마 품에 조용히 잠들 듯 흙탕도 차분히 성정을 재우고 마침내 맑음과 한 빛이 되었다. 나는 탄성을 외는 뜻밖의 시인이 되었다.

서시내, 섬진강, 양젱이 등이 내게 심어 준 그 다양한 서정들은 또 다른 나의 겨울 무넹기로, 문심의 씨앗이 아니었던가 싶다.

동시, 동화의 시절을 지나 시, 수필, 소설 등에 빠지고 다시 문학이론 따위를 기웃거리던 어느 날, 나는 학교를 마치고 교원이 되었다. 서서히 철이 들기 시작했다. 어느 아침 일어나면 위대한 작가가 돼 있을 것 같은 위대한 환상은 햇볕 만난 안개로 사라졌다. 학생들을 돕는 일에만 마음을 모았다. 그것은 신명나는 생명력의 환희이기도 했다.

어쩌다 펜을 들면 수필 비슷한 게 써졌다. 마음대로 되지 않았다. 내 느낌, 내 생각, 내 체험을 내가 쓰는데 왜 그리 어려운가? 허구체계를 세워 거창한 로망을 짜는 것도 아니고 금싸라기를 일어내는 것도 아닌데…… 글이란 아무나 쓰는 게 아니란 생각이 들었다. 직무상 문예반을 지도하고 교지, 학보, 논문집 등을 펴내기도 하면서 그런 생각을 더욱 짙게 했다.

삶 자체를 수필처럼 살 수는 없을까. 밑천을 다 털고도 격을 잃지 않는, 그러면서도 웃음이 절로 나고 재치가 넘치는, 그러면서도 누구나 공감하는 진실과 아름다움이 그윽한, 그런 삶을 영위할 수는 없을까. 글 이전에 일상 자체를 글쓰듯 산다면 그보다 값진 일이 또 어디 있을까. 그런 상념을 나는 늘 떨치지 못하고 있다.

그런데도 나는 문단인 명부에 끼는 입장이 되었다. 보상하는 마음으로 촌뜨기답게 나는 무넹기와 양젱이로 접목되는 우리 할아버지의 말씀을 수필의 한 기법으로 제시하고자 한다.

짚신을 삼아서 생계를 꾸리는 부자가 있었다. 아들은 아무리 노력을 해도 아버지를 따라갈 수가 없었다. 아버지에게 그 연유를 물어도 묵묵부답이었다. 이윽고 아들은 아버지의 임종을 지키게 되면서 마지막으로 그 비법을 간청했다. 손을 설래설래 흔들던 아버지는 기어드는 목소리로 '터럭 터럭(털)' 하고 말을 잇지 못했다.

(1998)

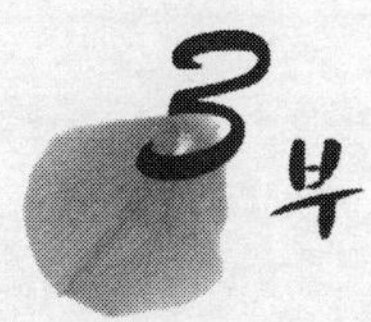

3부

맨발을 되찾아

새벽등산을 거듭 빠지다 보면 그대로 게을러지기 일쑤이다. 실컷 자고 난 것처럼 이윽고 눈을 비비면 좀 머쓱해진다. 그럴 때마다 난 재개에 앞서 발밤발밤 사죄의 등산을 한다.

그날 하오, 태조봉을 오른 것도 그런 일환이었다. 산자락엔 낙엽들이 아무렇게나 뒹굴고, 숲길엔 빨강, 노랑, 갈색의 차가운 소리들이 소소하게 내리고 있었다. 짙푸르게 막혔던 나무기둥들 사이가 얼기설기 트이고 하얀 이야기들이 정답게 들렸다. 등산객들의 옷차림도 한결 덕성스러웠다.

신발을 벗어봐? 지난여름, 우연히 보았던 한 정경이 느닷없이 떠올려졌다. 어떤 장정이 등산로 입구에서 신발을 벗어놓고 맨발로 나섰다. 길든 동작처럼 거침없이 당당했다. '아- 참, 대단한 사람이구나!' 하고 나는 경탄했지만 그 후론 그냥 무심히 지냈다.

왜 그게 발작처럼 떠올려졌는지는 알 수 없지만, 생각하면 발은 몸을 지탱하는 최후의 보루다. 허벅지 무릎 정강이로 이어지는 다리가 아무리 굳세도, 발목, 발바닥, 장심(掌心)의 아우름이 받쳐주지 않는다면 제구실을 다할 수 없다. '다리는 신의 날개로 만들어진 것'이란 말이 있지만, 그건 발까지를 포함한 말임에 틀림이 없다. 그래야만 다리가 날개처럼 날 수 있을 테니 말이다.

사냥하고, 나물 뜯고, 열매 따며 여기저기 옮겨 살던 조상들은 소박하나마 우리에게 쓸 것, 걸칠 것, 신을 것들에 대한 지혜를 물려주었다. 태초에 그것들은 단순한 체온유지나 안전을 위한 방편에 불과했을 것이다. 그러나 지금은 거기 아름다움이 파고들어 눈부신 문화영역이 되었다. 모자, 의복, 신발 등의 예술적 접근을 누가 아니라고 말할 수 있으랴.

그 중, 신발은 좀 독특한 면이 있다. 의복이나 모자처럼 다투어 앞서려 하지 않고, 그를 뒤따르는 편이다. 그렇다 보면 더러 본의 아니게 발을 조이게도 하고 헐렁하게도 한다. 신발은 대체로 발을 과잉보호하는 경향이다. 그것 때문에 발이 퀴퀴해지면 더욱 꽁꽁 감싸버리기도 한다. 묘한 악순환인 셈이다.

그런 생각이 들자 나는 퍼뜩 발을 풀어주고 싶었다. 서둘러 지난여름 잠깐 스쳤던 그 맨발 장정의 후배가 되었다. 신발을 벗고 맨발로 흙길에 섰다. 그리 해본 지가 전설처럼 까마득히 느껴졌다. 발바닥과 발가락이 얼음이라도 밟은 듯 움찔했다. 소태바람이 찡하게 발등을 덮쳤다. 나는 가만가만 제자리걸음을 했다. 발바닥이 그야말로 동시다발적(同時多發的)인 비명을 토했다. 나도 모르게 '윽, 윽.' 소리를 냈다.

지질학자처럼 나는 땅을 굽어보며 반반한 데만 골라서 발을 내디뎠다. 그러나 반향은 엉뚱했다. 길 자체가 그런 상태인지, 내 시력이 흐릿한 탓인지 발바닥에선 줄곧 돌덩이, 새총 알, 화염병 등이 날아드는, 데모의 함성이 작렬했다. 저절로 허리가 굽혀지고 사분사분 도둑놈 발걸음이 되었다.

'곰도 뒹굴 재주는 있다.'던가. 나는 어느새 낙엽으로 포장된 갓길에 들어서 있었다. 발아래 함성이 어느새 멎고 포근해지기까지 했다. 칙칙하게 오그라든 낙엽 속에 그런 열기가 도사리고 있을 줄이야! 한참 그렇게 평온했다. 그러나 뜻밖에 장심을 강타하는 복병을 만나곤 했다. 지뢰라도 터지는 줄 알았다. 살짝 주저앉았다. 포장을 헤쳐 보니 수류탄 같은 돌덩이들이었다.

크든 작든 정상에 오르는 맛은 그 성취감에 있을 것이다. 그날따라 그런 생각이 절실하게 느껴졌다. 여느 때 하던 대로 체조를 했다. 그동안 묵혀두었던 동작들이다. 우두둑 뼈마디 꺾이는 소리가 날 줄 알았는데 오히려 훨훨 날렸다. 낯선 사람들이 반나마 입을 벌리고 공진회 물건이라도 보는 듯 시선을 쏟았다. 좀 쑥스러웠지만 눈 딱 감고 나는 넓지 않은 공간을 자근자근 맴돌았다.

희한한 일이었다. 온 발이 확 풀렸다. 비명도, 함성도, 강타도 다 옛얘기만 같았다. 발가락, 발바닥, 발뒤꿈치, 발등, 발목 등이 하나같이 자유로웠다. 어느새 발아래엔 깜박깜박 별빛이 밟히고 있었다. 아-, 그 변주! 나는 신묘한 감동을 어찌하지 못했다.

내려오는 길은 하늘이 깔아 준 은하의 길이었다. 맨발이 되었던 곳에 이르러, 나는 우정 발을 닦지 않고 양말을 신었다. 안방처럼 포근했다. 도심으로 파고드는 집에까지의 아스팔트 길이 그대로 부드러운 흙길이었다. 펄펄 나는 발길! 예전엔 미처 맛보지 못한 쾌보(快步)였다.

나는 내 새벽 등산도 맨발을 되찾아 하늘의 별을 밟게 되는 그런 즐김이 이어질 것으로 가슴이 뿌듯했다.

(2003)

바닷가에서

바다의 손짓은 언제나 포근하다. 여름철이면 방학이나 휴가를 무슨 통과의례처럼 바닷가에서 보내는 사람들이 늘고 있지만 그런 경우가 아니래도 바다는 무시로 사람들을 부르고 있다. 북적대는 주변이 지겹거나 제법 끙끙대며 땀 흘린 일이 결국은 섬이 되고 만 그러한 때, 나는 별나 수나 있을 것처럼 불쑥 바다의 손짓에 솔깃해지곤 한다.

그날은 안면도를 찾았다. 서산 A·B지구방조제 대로를 타고 시원스레 바다를 가르고 나면 이내 태안에서 내리닫는 대로와 만난다. 예서 왼편으로 돌아 직진하면 바로 안면도에 이른다. 말이 섬이지 안면도는 대교로 이어진 아름다운 반도라 함이 옳다.

달리다 말고 고남리 저수지에서 잠시 멈추었다. 산기슭을

등진 제방이 앙증스럽기까지 하다. 다소곳이 갇힌 물도 깨끗하다. 어쩌면 저수지가 칭얼대는 바닷물을 끌어와 애기 달래듯 흙 띠를 두르고 있는 것 같은, 그런 느낌이 들었다. 하긴 야성을 잃어버린 가축이 때로 목을 길게 빼고 먼 하늘을 멍하니 우러르듯 짠맛을 잊어버린 맹물이 본향에 대한 향수를 그렇게 드러내지 말란 법도 없을 듯.

돌아서서 앞뜰을 바라보니, 멀리 바다가 횡렬(橫列)로 붕 떠 있다. 한 토막 수평선이 달려와 좌우로 뻗어나간 산줄기를 가로막고 버티고 있는 것 같다. 설마 쓰나미(津波)는 아닐 테고. 해발이란 잣대를 생각하면 어처구니없는 현상이다. 갸우뚱 갸우뚱, 비록 그것이 알 수 없는 나만의 환시(幻視)현상이라 할지라도 또한 자연의 섭리라면 그런 비의(秘意)를 어떻게 풀어야 할 것인지?

꽂지 바닷가에 여장을 풀었다. 하늘과 맞닿은 먼 수평선이 와락 국경선처럼 감싸안는다. 망연히 눈길을 쏟으니 아롱아롱 꿈결만 같다. 나도 몰래 입이 닫힌 채, 나는 사랑하는 이의 눈짓이나 받은 것처럼 모래톱 들머리에서 신발을 벗었다. 오랜만에 보호의 질곡에서 빠져나온 내 '하부구조'의 말단인 녀석은 선 자리에서 그대로 가만가만 대지(大地)를 다지는 인사를 잊지 않는다.

걸어야지, 끊임없이 걸어야지. 그래야 '거시기'도 풀린다. 그런 심정에서 나는 모래톱을 굽어보며 한 발 한 발 걸었다. 마른

바닥, 젖은 바닥, 왕모래 무더기, 묻힌 바위 겉면 등등을 몇 번이나 되돌아오는 무심한 장정(長程). 걸음을 옮길 때마다 발가락 사이사이까지 삐져 오른 대지가 사르르 쏟아지기도 하고 더러는 촉촉이 달라붙고 희한하게 쑤시기도 하는 변조(變調)를 연주한다. 그 체온이 과연 바다가 주는 사랑인지, 하늘이 내린 슬기인지. 사무치는 설렘이 잔잔한 물결 소리를 낸다.

가락진 걸음에 얼마나 취했던지 문득 고개를 드니 바다는 어느새 저 멀리 빠져나가고 있다. 그 물살에 내 '거시기'도 죄다 실려 나간 듯 묘하게 휘영해진다. 그러면서도 가슴속엔 더욱 멀어진 섬이 가물가물.

숙소에 들어와서 커튼을 젖히고 휴식테이블에 앉았다. 바다는 여전히 내닫고 있다. 순풍을 불러 가속할 기미 같은 건 전혀 보이지 않는다. 바다는 역시 젊디젊은 생명의 원천이다.

지구상의 거대한 대륙과 크고 작은 섬들을 남김없이 품에 안은 바다. 그 바다는 주기적으로 해안을 양감(量感) 있게 포옹하는 사랑의 화신이다. 그 사랑이 가꾼 무궁무진한 자양이다. 지구의 부패와 오염을 예방하고 한편으론 흡수하여 말없이 정화하는 위대한 모성이다. 더러 질풍과 더불어 크게 노하기도 하지만 그 또한 느슨한 타성에 생명을 불어넣는 청정한 사랑의 일환(一環)이 아니던가.

높아졌다 낮아졌다 하는 바다의 수면, 그 거창한 신비에 감탄하다가 나는 느닷없이 '수평선이 시위라면' 하는 엉뚱한 생각이 떠올랐다. 그렇다. 그 수평선 시위에 화살을 꽂고 끌어당기면 당긴 만큼 수평선에 이어진 모든 바다가 황급히 해안의 포옹을 풀고 따라오를 것 아닌가. 썰물! 그 시위를 놓으면 화살은 그야말로 쏜살같이 목표를 향해 날아가고 바다는 다시 해안으로 뿔뿔이 밀어닥칠 것 아닌가. 밀물! 누가 시위를 당기지? 달님이. 그 목표는? 다함없는 사랑의 과녁. 나로선 조수에 대한 비유로 뜻밖에 얻어진, 그야말로 회심(會心)의 밀물이 아닐 수 없었다.

조수가 들며나며 늘려놓은 개펄은 어패류의 보고다. 바다도 아니고 땅도 아닌, 바다이기도 하고 땅이기도 한, 그 중간지대에서 땅과 바다의 두 춘하추동을 하나로 산 어패류는 그 특유의 애환을 숙성시켜 그토록 맛이 아기자기하고 그윽한 것인가.

수필의 목장은 무릇 '중간지대'라고 한 분이 있었다. 그렇다면 개펄에서 수확한 어패류 맛이 바로 수필의 진미가 될 수 있는 셈이다. 알 듯도 하고 모를 듯도 한 비유다. 아무튼 내 마음속에 그런 개펄이 하나 있었으면 좋겠다.

바닷가에서 하염없이 걷고 또 스쳐가는 토막 생각들에 젖다 보면 어느새 몸도 마음도 시장기가 든다. 그럴 때마다 나는 즐겨 어패류 요리를 택한다. 그들이 익힌 사계(四季)를 음미해 보려고. 그러나 그 혼융(混融)의 특이한 맛을 나는 글로 옮길 재간이 없어 늘 피식피식 웃고 만다.

그날도 나는 조갯국물을 마시면서 겨우 그것이 포식하기 일

쓰인 내 밥주머니를 후련히 정화하는 조수가 될 것으로 믿어 마지 않는 선에 머물고 말았다. 남모를 씁쓸한 웃음이…….

바닷가에 가면 세사의 번잡이나 외로움이 휘뚜루마뚜루 가시지만 오히려 더 큰 섬이 가슴에 와 안기는 건 무슨 까닭인지?

철새

철새 하면, 멀다는 말부터 떠올려진다. '머-ㄹ고 먼-'이라는 할머니의 사실적인 설명이 지금도 귓전을 맴돌고 있기 때문이다. 그때 나는 그곳이 얼마나 먼 곳인지 가늠하지도 못하면서 그 어감이 주는 그리움 같은, 묘한 신비감에 빠지곤 했다.

철새는 이름 그대로 철따라 삶의 터전을 옮겨가며 사는 새다. 여름 철새와 겨울 철새가 있다. 번식기엔 깊은 산에서 살다가 가을부터 이듬해 봄까지는 평지에서 사는 떠돌이새가 있는가 하면 아예 이 땅엔 발도 딛지 않은 채 지나가기만 하는 나그네 철새도 있다.

따뜻한 햇볕을 몰고 온 대표적인 철새는 아무래도 제비다. '강남 갔던 제비가 돌아오면' 그것은 곧 희망이었다. '흥부의 행운'이 우리 집에도 꼭 심어질 것 같아서다. 나는 신춘이 아재를 졸라서 제비집 밑에 받쳤던 판자를 잊지 않고 다시 손보게 했다.

언젠가 제비가 돌아오지 않은 해가 있었다. 신준이 아재가 "그 제비, 갈 때 아니면 올 때 죽은 거다."라고 말했다. 나는 "아니야. 머슴이 그런 걸 어찌 알아?" 하고 반격했다. "호야, 내가 네 아쉬울 땐 아재고, 아닐 땐 머슴이냐?" 하고 신준이 아재가 말꼬리를 잡고 늘어졌다. 그 시비는 결국 '아재 시키는 대로 하겠다.'는 나의 일방적인 양보로 일단락되었다.

아재는 바로 남새밭 가에 작은 구덕을 하나 파라고 지시했다. 복종할 수밖에. 뒤따라온 아재는 이상한 뭉치 하나를 그 속에 던지더니 묻으라고 했다. "제사를 지내야 할 것 아니냐. 제비 시신이 없으니 그 집이라도 묻고……. 아재 하라는 대로 해! 절 두 번 해." 나는 어리둥절한 가운데 큰절을 했다. "제비야, 저승에서도 잘 살아라. 좋은 일한 사람에게 보물 박씨 잘 물어다 주고……." 그런 축도 따라 외고 또 절을 했다. 당연히 내년엔 우리 집에 '보물 박씨'가 꼭 떨어질 것 같은 기분이 되었다.

제비는 이른봄, 먼 남쪽에서 날아와 둥지를 틀고 새끼를 까고 길러서 가을이 되면 겨울을 나기 위해 다시 남쪽으로 가는 철새다. 어쩌면 작고 날렵한 그 몸매로 그리도 먼 곳을 해마다 오고갈 수 있는지 참으로 신묘하고 위대해 보였다.

제비와 더불어 잊을 수 없는 새가 뻐꾸기다. '뻐꾹뻐꾹 뻐꾹…….' 시인들의 귀를 그처럼 곤두세우게 한 소리도 흔치 않을 것이다. 처량하기도 하고, 그윽하기도 하고, 평화롭기도 하고, 정겹기도 하고, 기쁘기도 하고, 한스럽기도 하고……. 때와 장소와 상황에 따라 온갖 이미지로 부각되는 뻐꾸기 소리는 과연 시적 상상의 보고라 해도 지나치지 않을 것이다.

나는 뻐꾸기에 대해선 '뻐꾹뻐꾹' 하는 그 소리 외엔 아무것도 아는 것이 없다. 한 번도 실물을 본 일이 없다. 그림으론 보았을지 모르나 그것도 기억엔 없다. 그러나 그 소리만은 지금도 내 고향의 여러 산길들을 헤매게 한다. 산자락을 감돌고 두렁길을 추상(追想)하게 한다.

신준이 아재를 따라 산에 갔을 때의 일이다. 문득 뻐꾸기 소리가 들려왔다. 등성이를 타고 오르는 푸른 숲을 조용히 두들겼다. 뒤에서 미는 소리 같기도 하고 앞에서 끄는 소리 같기도 했다. 아니, 양옆에서 번갈아 나는 소리 같기도 했다. 멀리서 아니, 가까이서 들려오는 소리 같기도 했다. 그 변주를 무엇이라 하랴. 신준이 아재는 "내내 너만 따라다닐 것이다." 하고 웃었다.

겨울 철새 얘길 하지 않을 수 없다. 낙동강 하구를 비롯한 이 땅의 여러 도래지(渡來地)엔 때가 되면 오리, 기러기, 두루미 등이 떼지어 날아든다. 비교적 날씨가 고르고 먹이도 풍부한 때문이다. 그들은 새끼들과 함께 찬바람, 눈보라를 업고 이 먼 곳을 찾아온 것이다. 활동 공간이 아무래도 제한되어서인지 그들의 일거수일투족은 그대로 훌륭한 볼거리였다.

살을 에는 찬바람 속에 물 위와 하늘을 박차고 오르내리면서 휘갈기는 그 장엄한 그림! 함박눈 내리는 하구의 갈대 숲 언저리에 삼삼오오 의연히 늘어선 그 거대한 정물화! 바로 신의 '행위 미술'이고 '설치 미술'이 아니던가. 카메라가 달려오고 기자가 쫓아오고 화가와 시인이, 아니 자연을 사랑하는 보통사람들이 줄줄이 달음박질이니 그 정경을 어떻다고 하랴. 그대로 '겨울 예술'의 정화라 할 것이다.

사람이 만들어 놓은 계절도 때가 되면 역시 '철 내기들'이 웅성거린다. 신문이나 TV에서는 특히 철 내기 정치인들의 소식을 자주 팔아댄다. 깔끔하게 '철새 정치가'란 이름으로. 철새 정치가라? 철새 같은 정치가란 뜻일 테지. 그 관형사가 과연 온당한 것일까.

철새 정치가란 정치 환절기에 이 당에서 저 당으로, 저 파에서 이 파로 그 터전을 옮기는 족속들을 말한다. 터전을 옮긴다는 점에선 철새와 다를 게 없다. 그러나 그 동기와 그 과정은 전혀 다르다. 옮긴 후의 모습도 견줄 거리가 아니다. 아무래도 적절치 못한 비유 같다.

말 잘하는 말 장수들이 예우한 수식일 터이지만 아마도 조류학자들은 그걸 반식자우환(半識字憂患)쯤으로 여길 것이다. 이들을 지칭하는 또 다른 '태양족'이란 말도 천문학자들은 같은 심정에서 웃을 것이다.

나는 철새를 사랑한다. 번식을 위한, 새끼들을 위한 보다 좋은 환경을 찾아 고난을 무릅쓰고 불원만리(不願萬里) 하늘을 가르는 그 생의 의지를 찬탄한다. 다채로운 목소리로, 줄기찬 활동으로, 다양한 날갯짓으로 상상을 부추겨 예심(藝心)을 샘솟게 하는 그 아름다운 모습을 마냥 좋아한다.

철새는 결코 변절의 상징이 아니다.

입춘 언저리에서

아내가 집안의 정리와 대청소를 걱정하고 나섰다. 나는 추위가 좀 수그러진 다음에 서서히 하자고 했다. 아내는 큰 추위는 다 갔다며 나더러 우선 밖의 큰 것들만 대강 치우라는 엄명이다. 마침 출가한 큰애의 문안 전화가 왔기에 원군이나 만난 듯 반갑게 그런 사정을 얘기했다. 딸의 반응은 오히려 직격탄이다. "아빠는 참……, 우리는 진작 끝냈는데요." '가재는 게 편'이란 말이 있던가.

요번 추위만 끝나면
이 찌무룩한 털쉐터를 벗어던져야지
쾨쾨한 담요도 내다 빨고
털이불도 걷어 치워야지.

머리를 멍하게 하고 눈물 짓무르게 하는 난로야
너도 내일 끝장이다! 창고 속에 던져 넣어야지.
(내일 당장 빙하기가 온다 해도)

황인숙의 〈추운 봄날〉이 저절로 흥얼흥얼.

어느 모임에서다. 얘기가 시답잖아서 눈을 내리깔고 있었다. 무릎 위에 무엇이 살짝 놓였다. 눈을 떠보니 얄팍한 시 묶음이다.

"잠깨! 이 사람아."

함께 간 친구가 느닷없이 개구리 깨우는 '경칩'이 되었다. 그는 집게손가락으로 한 시제(詩題)를 가리키며 빙긋이 웃고 있었다. 나는 정말 경칩 날 잠 깬 개구리처럼 그 시를 두리번거렸다. 〈입춘〉이란 신군자의 시다.

눈이 깜박했다. 동장군의 퇴진을 "가지 끝 산기 느끼는 아픔만 / 쓰다듬고 돌아선다."고 노래하고 있어서다. 봄은 철따라 그냥 오는 것이 아니라 봄으로 태어난다는 시각이다. 여성이 회임의 어려움을 추슬러 진통 속에 아기를 출산하듯 봄도 온갖 생명을 포태하고 비슷한 어려움을 겪으면서 탄생한다는, 그래서 희망에 부푼 기다림 속에 굽이굽이 조신하는 모습이 절절하다.

그러나 창 밖엔 추위가 창창한데 그 속에서 봄을 불러낸다는 것은 구체적인 체감을 건너뛴 허구가 아닌가? 나는 그런 생각을 하면서 무슨 발견이나 한 것처럼 친구의 동의를 구했다. 그는 잠시 머쓱한 표정을 짓더니 "입춘이 지나긴 했지만……." 하고 그냥 웃어버렸다.

김창범은 그의 〈봄의 소리〉에서 "누가 재가 되었다고 했는가 / 부러져 말라버린 나뭇가지가 되었다고 했는가." 하고 봄의 탄생을 감탄했지만 사실 봄은 기다리고 공들인 만큼 힘차고 아름다운 모습을 보여준다.

나무들은 지심을 함빡 뿜어 올려 튼실한 가지들을 사방으로 펼친다. 온갖 씨앗들은 산과 들에 아니, 흙냄새가 조금만 서린 곳이라면 어디든, 작은 바위틈까지 가리지 않고 새싹을 틔운다. 이내 흐드러지게 꽃을 피우고 더없이 부드러운 푸름을 두른다. 산새들은 이 자락 저 등성이, 이 나무 저 숲 속을 앞 쫓거니 뒤쫓거니 해맑게 우짖는다. 산짐승들은 기지갤 켜고 껑충대며 제 영지를 내닫는다. 차고 맑게 가라앉은 계곡 물은 내와 강줄기를 타고 고기들을 하나하나 정답게 일깨운다.

여성은 봄의 화신이던가. 언제나 한 송이 꽃이기를 바란다. 꽃처럼 아름답기 위하여 항상 몸과 마음을 정하게 간수한다. 독특한 색조로 화장의 조형예술을 날로 심화한다. 새싹처럼 신록처럼 싱싱하기 위하여 바르게 섭취하고 움직이고 알맞게 쉰다. 스스로 만든 약손으로 끊임없이 살갗을 다독거리고 어른다. 때론 치기어린 감상에 젖어 가만히 눈을 감는 일도 망설이지 않는다. 여성은 어린이와 무릇 자라나는 것들을 위하여 날짐승 길짐승 물고기들이 베푸는 종족보존의 정성을 따뜻하게 수용한다.

여자는 봄을 타고 남자는 가을을 탄다는 말이 있다. 봄은 추위와 더위 사이에, 가을은 더위와 추위 사이에 걸쳐 있다. 봄과 가을은 추위와 더위, 그 어느 쪽이 앞과 뒤를 싸고도느냐의 차이다. 대체로 여자들은 봄을 안고 여름을 살고자 하는 성정인데 비해 남자들은 가을에 젖어 겨울을 다지고자 하는 의지가 승한 편이다. 그래서 각기 봄과 가을을 탄다고 한 것일까. 흔히 민감한 여자들의 옷차림에서 먼저 봄을 느끼는 것도 그런 일단이라 할 것이다. 봄은 분명 여성과 더불어 겨루고 화답하는 아름다운 코러스다.

나는 한 시절 가을을 좋아했다. 아니, 좋아해야 하는 것으로 알았다. 책을 읽고 사색해야 할 사람은 당연히 그 상징의 계절을 선호하고 또 그렇게 태어나야 하는 것으로 여겼다. 그러나 지금은 아니다. 새싹이 좋고 뻗어나는 것이 좋고 화사한 것이 더 좋다. 그 민감, 그 민첩은 너무나도 눈이 부시다.

친구가 봄을 알리고 아내가 청소를 부추겨도 선뜻 외투를 벗지 못하는 나, 그러고도 어찌 새 손님을 맞는다 하랴. 아무래도 〈입춘〉 같은 시심을 찾아 마음 밭을 녹이고 움이 틀 수 있도록 외투부터 벗어야겠다.

흰 갑옷 툭툭 털고 큰 칼 내려놓는

한 계절 서슬 푸르기 청솔 같은 동장군
가지 끝 산기 느끼는 아픔만
쓰다듬고 돌아선다.

흙 밟고 헤엄치던 안개비 산발을 하고
갯버들 여린 가슴 봉싯 하나 부풀 때쯤
풀물 든 후뚜기 소리가
먼 기억을 넘어온다.

하늘 눈짓 흙의 입김에 옷깃 풀고 마중 간다.
이 들 저 산 모두 캐어 한 가슴에 안으려니
쑥물 밴 손톱 밑으로
칼끝 바람 숨어든다.

(2000)

열쇠

나는 세 개의 열쇠를 지니고 있다. 한 고리에 모아진 고만고만한 것들이다.

손바닥에 올려놓고 보면 신묘한 느낌이 든다. 그 작은 쇠붙이들이 어쩌면 내 일상을 그리 단단히 틀어쥐고 있는 것인가. 밖에 나갈 땐 만형 격인 키 큰 녀석이 '부르릉' 하고 길을 열어준다. 집에 돌아오면 둘째가 '찰칵' 하고 대문을 따준다. 현관 앞에 서면 셋째가 '스윽' 하고 가볍게 인사를 한다. 하루의 틀을 짜준 녀석들이다. 그러나 그것들이 호주머니 속에 있을 때는 좀 거치적거리고 무겁고 귀찮은 생각이 든다.

열쇠 하면 자물통이 연상되고 자물통 하면 어릴 적 우리 집 고방문(庫房門)의 쇠통(자물통)이 생각난다. 고방은 쌀 · 보리 등의 곡식과 그 씨앗을 보관하는 곳이다. 그 문엔 언제나 주먹만 한 쇠통이 덕성스럽게 잠겨 있었다. 필요할 때 잠깐 잠깐 열리곤 늘 철옹성이었다. 그 쇳대(열쇠)는 어머니가 관리했다. 할머니 할아버지의 자상한 통제 속에.

방마다 가구들에는 다 잠금장치가 있었다. 그러나 그 크고 작은 쇠통들은 잠기지 않은 채 꽂혀만 있었다. 집을 비우게 될 때도 어른들은 밖에서 방문 고리만 살짝 걸 뿐, 쇠통을 채우지는 않았다. 사립문엔 아예 밖에서 거는 고리도 없었다. 나갈 때 문설주에 끌어다 붙이는 것으로 부재不在를 나타냈다. 나의 소년 시절은 거의 쇳대가 필요 없는, 말하자면 열린 세상이었다.

'반공을 국시의 제일의로 삼은 정권'이 들어서면서 '보안점검'이니 '보안감사'니 하는 올가미가 공직사회를 꼼짝 못하게 했다. 퇴근 후 탁자 위엔 종이 한 장이라도 남아선 안 되었다. 탁자서랍이나 문서함엔 모조리 자물통이 채워졌다. 손에 손에 열쇠들이 쥐어졌다. 서슬 푸른 긴장이 사뭇 이어졌다.

나는 얼른 그에 적응하지 못했다. 무엇보다 탁자서랍에 든 그 평범한 책들이나 일상적인 서류들이 왜 갑자기 그렇게 중요한 보안대상이 되는지 알 수가 없었다. 덮친 격으로 열쇠 간수도 잘 되지 않았다. 걸핏하면 자물통에 꽂아놓은 채 그대로 두기 일쑤였고 호주머니까지는 잘 넣었는데 공연히 꺼내서 만지작거리다가 잃어버리기도 한두 번이 아니었다. 열어놓고 지내던 버릇이 그리 쉽게 고쳐지지 않았다. 몇 차례 지적도 받고 걱정도 들었다. 나의 청장년 시절은 말하자면 그렇게 닫혀 산 셈이다.

세월 따라 열쇠도 자물통도 무척 달라졌다. 아직은 쇠붙이가 주종이지만 번호 열쇠, 카드 열쇠, 원 터치, 리모컨 등 다양하다. 자물통은 더욱 눈부시다. 고리에 걸던 자물통들은 사양길에 접어든 지 오래다. 몸통은 안으로 숨고 겉으론 열쇠 구멍이나 번호판, 카드 그을 통로만 내놓고 있는 것들이 대종이다. 여닫이 기능을 함께 갖춘 자동문들이 파죽지세로 확산되고 있다.

생각하면 정신적 · 서정적 측면에서도 열쇠의 역할은 긴요한 것 같다. 산다는 것은 어차피 어울려 사는 것. 여러모로 어울리다 보면 자연히 얽히고설키게 마련이다. 그때마다 이른바 '키워드'는 찾아야 할밖에 없지 않던가.

만능열쇠가 있다는 말을 들었다. 자물통의 이치를 꿰뚫고 있는 키센터 사장은 직무상 그런 걸 하나 가져서 마땅할지 모르겠다. 그러나 그것을 너나없이 갖게 된다면 그것은 열쇠의 존재이유를 말살하는 것이 된다. 방범체계를 흐트러지게 하는 어리석은 일이기도 하다. 그건 아예 있어서는 안 될 물건이다. 그러나 이를 활용한 밤손님의 신출귀몰한 행각이 심심찮게 보도되고 있으니 걱정스럽다. 그들과는 아무래도 '핵무기확산금지조약' 같은, 협정을 체결해서 '직장의 안전보장'을 꾀해야 하지 않을까 싶다.

사람도 그런 만능열쇠가 될 수 있을까. 같은 영역, 같은 길을 가는 사람들은 끼리끼리 앞서거니뒤서거니 비슷한 역할을 할 수 있을 것 같다. 뒤따라 출발한 사람들이 앞선 사람들의 생각이나 행적을 열쇠로 삼아 새 경지를 줄곧 연다면 그것은 훌륭한 열쇠들의 연계가 될 것이다. 그 경지가 높고 빛나면 빛날수록 다른 영역과 손을 잡는, 또 하나의 큰 열쇠로 차원을 달리하게 될 것이다. 그쯤 되면 그것이야말로 정말 사람의 만능열쇠라 할 만하다.

내겐 희한한 경험이 하나 있다. 당시 나는 직장의 관행대로 출근하면 바로 캐비닛 잠금장치를 풀어놓곤 했다. 그때마다 나는 수첩에 적힌 번호를 보면서 다이얼을 돌렸다. 동료들이 그 답답함을 빈정대면 "내게 그런 걸 욀 재주가 있었다면 옛날에 고등고시 했지, 이 사람들아." 하고 얼버무렸다. 한 번은 수첩을 집에 두고 간 일이 있었다. 즉각 집으로 'SOS'를 쳤다. 그 사이가 무료해서 그냥 다이얼을 좌, 우, 좌로 돌려보았다. 뜻밖에 고등고시 통과의 낭보같이 '철거덕' 하고 문이 열렸다. 그동안의 무수한 반복이 나도 모르게 나를 정확한 하나의 열쇠로 만들어 놓았던 것이다.

자동차의 물결이 도도하다. 주머니 속에서 거치적거리고 있는 열쇠꾸러미 따윈 이미 버렸어야 할 것인지도 모른다. 입력체계만 갖추면 만사가 형통되는 세상이다. 자동문이야 이미 일반화되었지만 승용차도 입력된 오너가 운전석에 앉으면 부르릉 발동해야 하지 않을까 싶다. 그런 게 벌써 나왔는지도 모르지만. 말 한 마디 동작 하나가 바로 자물통도 되고 열쇠도 되는, 그래서 더욱 편리하고 편안한 나날이 되고 있음을 난 익히 알고 있다. 그러나 생각하면 어느 날 내가 홀연 '캐비닛 열쇠'가 되었던 것처럼 어느새 또 그 편리한 '명령만 내리는 노예'로 갇히게 될지도 모를 일 아닌가.

나는 이따금 막힌 일들을 열쇠와 연관하면서 이런저런 상념에 젖곤 한다. 눈부신 자동화시대에 재빨리 좇아가 그 부품으로 끼는 게 영광이지, 그걸 왜 전락(轉落)이라고 회의해야 하는가. '좋은 게 좋은 것 아니냐.'는 유혹이 만만치 않다. 그래, 편하면 그만이지……. 그런 생각이 곱씹어진다. 주인으로 세워질 열쇠가 마땅찮아서일까.

(2000)

가령 말이제

"가령 말이제(말이지)……."

'령' 소리만 턱없이 높고 크고 길었다. 첫소리 '가'는 아예 묻힌 상태였고 짧게 내리죽는 '말이제'는 '말제'인지 '말'인지 구분이 잘 되지 않았다. 말이라기보다는 높은 노랫소리의 한 대목 같기도 했다. 그렇다고 무슨 테너의 열창은 더더욱 아니었다. 중터 할아버지의 한이 서린 한밤의 육성이었다.

중터 할아버지는 소거간이었다. 안목이나 시세 파악은 남 못지않았지만 선천적인 과묵이 이를 제대로 아우르지 못했다. 그 씁쓸함을 그는 술로 달랬다. 술이 거듭되면서 닫힌 입이 열려, 한때는 명거간이란 말을 듣기도 했다. 그러나 주머니 사정은 노상 마찬가지였다. 그만큼 술자리가 빈번해지기 때문이다. 거간이 생계수단인지 술 마시기 위한 방편인지 아리송했다.

ㅇ씨의 얘기다. 흥정을 끝낸 중터 할아버지가 종이쪽에 무엇인가를 긁적이더니 도장까지 찍어 상대에게 서슴없이 주더란다. 까막눈임을 잘 알고 있는 ㅇ씨가 다가가니, "왜? 일자무식이기는 피장파장이제. 그래도 팔고 산 '찡'(증서)은 있어야 할 것 아닌가. 하하하……." 중터 할아버지는 말하자면 그런 사람이었다.

중터 할아버지의 기행(奇行)은 사뭇 미스터리로 남아 있는 그의 출분(出奔)을 꼽지 않을 수 없다. 그는 낮잠 자는 막내를 깨워 "애비가 밖에 좀 나간다. 한 3년 걸려. 식구들한테 그리 말해." 하곤 표연히 종적을 감추어버렸다. 집안이 발칵 뒤집혔다. 애꿎은 막내만 왜 어디 가시냐고 캐묻지도 못했느냐고 졸경을 치렀다.

식구들이 발 벗고 찾아 나섰지만 허사였다. 겨우 얻어들은 건 술이 거나해지면 느닷없이 배워야 한다고 주먹을 불끈 쥐곤 했다는 얘기뿐이었다. '어디서 공자님 맹자님 왈왈하고 있을 거라'고 빈정거린 사람도 있었다. 원망에 찬 걱정 속에 할아버지의 소식은 석 달이 두세 번을 흘러도 아득한 안개 속이었다. 가족들은 애가 살이 된 채 마냥 기다릴 수밖에 없었다.

중터 할아버지가 돌아온 건 삼 년이 훌쩍 넘은 어느 날, 마침 집엔 아무도 없었다. 할아버지는 가방을 윗목에 밀어놓은 채 편안하게 드르렁거렸다. 밭에서 돌아온 할머니가 기겁을 하고, 허겁지겁 이웃사람들을 데리고 와서 방에다 대고 "누구냐?"고

소리를 질러댔다. 푸시시 일어난 할아버지는 문을 열고 "나야, 나. 모두들 잘 지냈제." 하고 태연했다. 그날 밤, 할아버지 댁에선 조촐한 골목 잔치가 벌어졌다.

할아버지는 여전히 말이 없었다. 그냥, 그냥 일해 주고 밥 얻어먹고 이것저것 좀 배웠다는 얘기만 했다. 배운 것이 무엇이냐고 물어도 '이것저것'이라고만 했다.

쇠전에 나타난 할아버지는 얼른 거간에 뛰어들질 않았다. 소를 예술품 감상하듯 살피면서 고개를 끄덕이기도 하고, 갸우뚱하기도 하고, 흔들기도 하고, 뭐라고 중얼거리기도 했다. 때로는 만져보고, 눌러보고, 두들겨보고, 걸려보기도 했다. 네댓 장을 그는 그렇게 보냈다.

그날도 할아버지는 출근하듯 쇠전에 나갔다. 휙- 한 바퀴 돌다 말고 어떤 소 옆에 멈춰 섰다. 몇 군데를 눌러 보는가 했는데 갑자기 소가 화들짝 뛰었다. 가까이 있던 다른 소들도 덩달아 뛰었다. 반사적으로 그도 몇 발짝 물러섰다. 주인의 놀란 목소리와 함께 주위 사람들이 우르르 몰려들었다. 그의 손에는 낯선 침이 쥐어져 있었고 소는 약간 피를 흘리고 있었다. "아니, 아니." 하고 달려드는 주인에게 중터 할아버지는 눈을 부릅뜨고 일갈했다. "몸이 안 좋아. 그냥 팔면 제값 다 못 받아. 인자(이제) 괜찮을 텐께 두어 장 동안만 잘 먹여가지고 나와. 무슨 일이 생기면 내게 연락하고." 그 위압에 주인도 그만 주춤해지고 말았다.

그 소문은 삽시간에 축우(畜牛) 농가의 복음처럼 퍼져나갔다. '아무개는 소귀신이 내려서 쇠침쟁이 아니, 소 의원(醫員)이 되었는데 아무리 큰 병에 걸린 소도 침 한 방이면 끝내준대!' 전설 같은 풍문이 구름처럼 떠돌았다. 중터 할아버지의 그 말없는 돌출행동과 변신은 정말 전설적이라 할 만했다. 그리하여 그는 언제 해가 뜨고 지는지도 모를 바쁜 나날을 보내게 됐다.

우리 집에서 본 일이다. 중터 할아버지 앞에 막내 삼촌이 벌겋게 부은 볼기를 내놓았다. 할아버지는 앉기가 불편하다며 목침을 하나 가져오라고 했다. 내가 즉시 대령했다. 환부를 자근자근 누르는가, 했는데 '앗!' 소리와 함께 삼촌이 옆으로 쓰러졌다. 환부에다 못 박듯 침을 목침으로 때려 꽂은 것이다. 노란 고름이 쫙 쏟아졌다. 그는 큰방 문의 풍지를 쭉 찢어 와서 빳빳하게 말았다. 그걸 심으로 환부에 꽂고 고약을 붙였다. "고름이 깊어. 새살 채우려면 개 한 마리 잡아." 하며 일어섰다.

삼촌이 얼떨결에 "침 값, 치료비, 수술비." 하며 자세를 바꾸었다. "그렇구나. 듬뿍 받아야제. 그것 참, 허나 걱정할 건 없다. 쇠침으로 사람을 고쳤으니 더 무얼 바라냐. 네 살이나 빨리 채워." 명령하듯 한 마디 던지곤 총총히 발길을 돌렸다.

중터 할아버지의 소 사랑은 거의 종교적이었다. 보상을 바라지 않는 따뜻한 침술봉사였다. 곡식 말이나 혹은 몇 됫박을 집으로 보내준 사람이 전혀 없진 않았지만 대개는 술대접이

고작이었다. 어느새, 할아버지는 소만큼 술도 사랑하는 주선(酒仙)이 되었다. 귀가가 늦어지고 그 꼬부랑 돌밭 길이 언제부터인가 '가령 말이제'로 채워지기 시작했다.

'가령 말이제…….' 그것은 중터 할아버지의 희한한 명정(酩酊)의 절규였다. 고샅 사람들은 그 때문에 하루의 피곤을 풀어야 하는 한밤의 단잠을 마냥 설치곤 했다. 그러나 아무도 이를 탓하는 사람은 없었다.

왜 '가령 말이제'였을까? 내가 좀더 재재거릴 수 있었다면, 글을 배웠더라면, 소를 사랑하지 않았더라면, 술을 좋아하지 않았더라면…… 이러쿵저러쿵 했을지 모른다는 그 현실성이 새록새록 뭉크러진 때문이었을까. 어떻든 그의 귀로는 그 같은 일련의 사념을 타고 노상 소리소리 휘청거렸다. 나는 그 허상세계와 현실세계와의 불연속선(不連續線) 속에서 더할 수 없는 고뇌랄까 순수랄까, 그런 것들이 막연하나마 빈번히 되새겨지곤 했다.

(2000)

처노설(妻奴說)

부부동반의 한 모임에서다. 퇴직한 일본 남자들이 걸핏하면 이혼을 당한다는 얘기가 화제에 올랐다. 세태를 한탄하는 목소리들이 분분했다. 부인들을 아예 '해라' 투로 하대해온 그들의 자업자득이 아니냐는 지적도 있었다. 한 부인이 "우리라고 안심할 일은 아닌데요." 하고 찡긋하는 바람에 모두들 손뼉을 치며 웃었다.

"그래도 아무개는 끄덕 없을 거야. 부인께선 아마 다시 태어나도 역시 아무갤 걸." 하는 말이 불쑥 나왔다. "쓸데없는 소리!" 나는 벌떡 일어서며 팔을 내저었다. 지나친 반응이었던지 폭소가 와르르 쏟아졌다. 자연스럽게 눈길이 아내에게 쏠렸다. 아내는 거북한 웃음을 날리며 "다 정으로 봐주신 덕이지요." 하고 정중히 고개를 숙였다. 휴, 나는 가만히 안도의 숨을 토했다. 틀림없이 '그 말'이 나올 것으로 여겼는데 아니었기 때문이다.

부부란 무슨 조화인가? 평생을 소곤소곤, 티격태격 얼려 사니……. 어떻든, 세상 남자들에겐 아내란 더없이 소중한 존재다. 하물며 이 땅의 요조숙녀임에랴. 젊었을 땐 꿈길에도 삼삼한 연인이, 살다 보니 어느새 믿음직한 동지가 되어 있고, 늙마엔 자상한 간호사가 되어 있으니 이에 무엇을 더 바라랴. 남자들은 그래서 어쩌다 아내를 여의는 슬픔을 겪는다 해도 한참 지나고 나면 대체로 새 아내를 맞이하게 마련이다.

흔히 애처가니 공처가니 하는 말들을 한다. 엄처시하라는 말도 한다. 나는 그 어디에 속하는지 가끔 궁금할 때가 있다. 겉도는 소문보다는 아내의 평가가 소중한데 아내는 마냥 입을 다물고 있으니 답답하기만 하다. 그런데도 나는 시방 엉뚱하게 처노(妻奴)임을 설(說)하는 펜을 들고 있다. 정진권, 강호형 두 선생이 '연노설(煙奴說)', '주노설(酒奴說)'을 잇달아 발표한 바 있는 데, 그 '○노설'이란 '노'자가 문제의 '그 말'과 상통한 무엇이 있는 것으로 직감된 탓이다.

부부의 사랑을 그 자세로 풀어보면 묘한 생각이 든다. 마주 보고 한 발 한 발 다가가면 결국 맞닿게 마련이다. 눈이 감기고 코가 눌려지고 입이 닫힌다. 그때 귀는 있으나 마나다. 이건 그대로 대결의 자세이기도 하다. 사랑을 '성의 투쟁'이라고 보는 견해가 바로 그런 시각일 것이다. 그러나 그 싸움은 도시

승패를 가를 수가 없다. 각기 패퇴한 것도 같고 함께 승리한 것도 같다. 그 미진함이 결국 끊임없는 재대결을 부추기고 있는 것인지도 모른다.

믿거나 말거나 이 땅의 남편들은 다 애처가인 줄 안다. 특히 아내가 바로 연인이던 시절이야 말해 무엇 하리. 그땐 나도 제법 '애처가' 대열에 끼었다. 아내도 아마 꽤 점수를 주었을 것이다.

그런 아내가 어느 날, 우뚝 애엄마가 되었다. 승리의 보상인지, 패퇴의 위로인지 알 수 없는, 그 '천하의 보물'을 얻고 나서, 아내는 말과 행동이 날로 달라졌다. 아이와 더불어 시를 읊고, 노래를 부르고, 춤을 추었다. 때론 먼 하늘을 우러렀다. 나는 소리 없이 뒷전으로 밀렸다. 어느새, 자세도 각기 좌우로 45도씩 돌려진, 가로선상에서 어깨를 나란히 하고, 같은 방향을 바라보는, 전우 같은 동지로 바뀌어져 있었다. 그런 변모는 사실상 거의 아내의 주도로 이루어지고 있었다.

어느 날, 아내는 느닷없이 집을 짓자고 했다. "웬 집은?" 무심한 나의 반응에 아내는 "그럼, 애들 학적부 가정란에 '셋방'이라고 쓰게 하실래요. 명색이 교장선생님 따님들인데……." 하고, 냉소적인 표정을 지었다. 그때까지만 해도 나는 "언제든 가리/ 나중엔 고향 가 살다 죽으리." 같은 시구에 문득 눈을 감곤 하는, 철부지였다.

나는 얼얼해졌다. 학적부 운운하는 따끔한 일격에, 서둘러

은행을 찾고 고향에도 몇 행보했다. 아내는 평면도 그리기에서부터 공사 뒷바라지까지, 어김없는 '또순이'였다. 나는 구경꾼처럼 퇴근 후에나 한 번 돌아볼 뿐이었다. 나중, 집들이를 하고 보니 처음 생각했던 것보다는 한결 넓은 것 같았다. 아이들이 온 집안을 쿵쾅거리고, 옥상까지 거침없이 오르내렸다. 아내의 눈엔 미소 같은 이슬이 맺혔다.

아내는 손바닥만 한 마당을 오밀조밀 정리했다. 가구가 놓여야 할 빈자리들을 하나하나 메워나갔다. 정치하게 따지고 완급을 사렸다. 그 실학적인 모습이 얼마나 미덥던지 나는 속으로 몇 번이나 동지적 악수를 했다. '엄처시하'의 편안에 젖어, 어느새 그걸 좋아하고 있었다. 아내야 뭐라고 하든 말든.

성큼 퇴임을 맞게 되었다. 나와는 무관한 것으로 알고 무심했었는데 막상 출퇴근을 안 하고 보니 세월이야말로 내 생각과는 무관한 것이었다. 아직 혈압약 한 알도 챙기지 않고 있지만 그래도 누님 같은 간호의 손길이 분명 곁에 있어야 할 객관적 시점(時點)에 와 있었다.

그런데 사실은 내가 오히려 아내를 도와야 할 형편이었다. 얼른 풀리지 않는 어깨와 허리의 불편 때문이다. 나는 이때야말로 아내의 그 멍을 자연스럽게 가시게 할 절호의 기회란 생각을 했다.

새벽마다 아내는 기도회에 나갔다. 갈 땐 교회 차에 편승했으나 올 땐 50여 분의 거리를 걸어왔다. 그 직심을 나는 '하나님의 훈훈한 역사'라고 부추겼다. 실은 걷기의 실효에 더 관심하면서도.

그 사이, 나는 학생 때의 자취 솜씨를 불러서, 쌀을 안치고 국을 끓였다. 현역 시절의 사제동행을 떠올려서, 방도 마루도 주방도 털고 쓸고 닦았다. 굼뜬 대로, 아-, 그 깔끔한 충만감이야!

"아! 다 해놨네." 돌아온 아내의 탄사였다. 그러나 그건 회(回)를 거듭하면서 단순한 '습관적 동작'으로 묻히고 자질구레한 그 밖의 일들이 예사로 더해졌다. 그때마다 나는 담임선생님의 심부름을 최상의 영광으로 생각했던 '초등학생의 미소'를 되찾곤 했다.

그러고 보면 미욱한 대로 나는 '애처가' 시기를 거쳐 '엄처시하'를 좋아했고 다시 격을 높여 제법 '처노'의 경지를 즐기고 있는 셈이었다. 아내가 들으면 또 무슨 홍소(哄笑) 소동을 펼칠지 모르지만.

언젠가 퇴근했을 때의 일이다. 아내가 다짜고짜 "당신은 참 좋겠소. 여자들한테 인기 있어서. 모두들 '아이고 선생님이야, 선생님이야.' 해대니 기막혀." 하고 푸념을 외었다. 나는 속으로 싫지 않으면서도 "쓸데없는 소리!" 하고 목을 세웠다. 아내는 다시 "아무래도 나만 묘해지고 억울해서 그냥 이실직고했지요." 하고 내 눈치를 살폈다. "무슨?" 그 다음에 토해진 말이 바로 '그 말'이었다. 치솟는 열을 나는 가만히 다독거려야 했다.

명색이 학행일치를 가르쳐 온 교원으로서, 허구를 말하지 않는다는 수필가로서, 그런 말을 듣는다는 것은 뜻밖의 일이었다. 자존의 문제이기도 했다. 그러나 결국 그건 '처노'의 몫이었다. 묵묵히 정성을 기울일 수밖에. 그런데도 '그 말'은 잊을 만하면 슬쩍슬쩍 다시 터져, 나를 곤혹스럽게 했다. 아내의 속셈 탓인지, 나의 미흡 때문인지 정말 알다가도 모를 일이었다. 이 순간까지도.

'그 말'은 매우 평범한, 그리고 간결한 한 마디다.

"한 번 살아 보라지……."

(2003)

적시타(適時打)

가방을 내렸다. 잘못 붙들었는지 뭐가 뚝 떨어진다. 아직 뜯지 않은 미끈한 새 곽이다. 주머니의 조임줄이 풀린 듯. 피식 웃음이 나왔다. 저걸 내가 왜 저렇게 보관하고 있는가? 할 수 없지. 그럴 사람이 나밖에 없으니. 나는 조임줄을 손보고, 다른 준비물도 하나하나 챙겨 넣었다. 옛 대통령의 '유비무환(有備無患)'의 유훈을 되새기면서.

마침 전화도 받은 터라, 뭉그적댐 없이 고속버스터미널로 직행했다. 공교롭게도 좌석이 내가 좋아하는, 운전기사와 대각선상의 앞자리, 평소 자주 차지하지 못했던 3번석이다. 순풍에 돛을 달듯!

이미 분수령을 넘어선 문우의 투병을 격려하러 가는 길. 자리를 함께할 몇몇 문우들의 그 반어적인 웃음보따리가 분위기를 한결 청량하게 할 것이다. 그것이야말로 투병의 외로움을 딛고 서는 더없는 자양일 터이니 말이다. 그런 상념에 젖으면서 나는 줄곧 차창 밖의 푸름을 완상하고 있었다.

얼마만큼 지났을까. 슬그머니 요의(尿意)가 곰지락거렸다. 주책없는 녀석, 시공을 가릴 줄 알아야지. 묵살, 묵살! 출발 전에 이미 닦달한 바도 있지만, 설사 그리하지 못했다 할지라도 1시간여의 거리쯤이야 '식전거리도 못 된다.'는 것을 녀석 자신이 익히 알고 있을 터인데, 참으로 무엄한 놈이 아닌가.

이변이라면 이변이었다. 아무래도 이변이었다. 녀석이 아마도 시류에 맞춰 이마에 붉은 띠를 불끈 조여 매고 '결사투쟁'을 외쳐대는 것 같다. 아니, 마셨으면 마신 만큼 정직하게 사회에 환원하는 것이 양식(良識)이 아니겠느냐고, 제법 점잖게 '준법투쟁'을 선언한 것도 같다. 참 고얀 놈이다.

나는 일찍이 이 요의와의 대결에서 승리한 바 있었다. 그때 나는 눈을 감은 채, 허리를 꼿꼿하게 세우고 숨을 깊게 몰아쉬면서 이마의 진땀을 의젓하게 닦아댔다. 그 인고의 전의(戰意)야……. 마침내 휴게소에 다다랐을 땐, 피차 그로키 상태였다. 나는 얼른 의자에서 일어날 수가 없었다. 차를 내려서면서는 그대로 꼬꾸라지는 줄 알았다. 화장실까지는 기다시피 했다. 그래도 나의 배뇨기관(排尿器官)은 격을 잃지 않고 차분히 녀석을 주재했다.

세월 탓인가. 나의 이런 역사적 노하우에도 불구하고, '유비무환'에 대한 신념과 그 실천의지에도 불구하고 녀석의 결의를 꺾기엔 어쩐지 역불급일 것 같은 위기의식을 어찌할 수 없었다. 그때와 마찬가지로 이마엔 줄곧 진땀이 멍울졌다. 이 또한 체내의 액체가 아니던가. 그려, 많이만 쏟아내라. 나는 긴급피난의 돌파구나 찾은 것처럼 두 손을 꼭 모았다. 그러나 애꿎은 하품만 크고 길게 벌어질 뿐이었다.

에스 · 오우 · 에스를 칠 수밖에 없다는 막바지 생각을 하기까지는 참고 또 참고 몸을 비트는 숱한 망설임이 있었다. 휴게소가 하나밖에 남지 않은 어느 지점에 이르렀을 때, 녀석은 더욱 기승을 부리기 시작했다. 나의 의식은 깜박깜박했다. 저만큼 휴게소 안내판이 눈에 들었다. 나는, 나도 모르게 대각선 방향으로 허리를 굽혀 모기소리만 한 음성을 발했다.

"기사님, 저 휴게소에……."

"안 돼요, 절대 안 돼요."

일언지하의 벽력이었다. 기사가 내 '유비무환'의 신념을 잘 알고 있었던 것인지, 아니면 그건 때때로 육신 앞에선 얼마든지 '무비유환(無備有患)'의 속절없는 몰골로 일전직하(一轉直下)할 수 있다는 것을 실증해 주고 싶었던 것인지 알 수 없었다. 허리를 세우고, 지나가면서 휴게소 입구를 슬쩍 보니 기사의 '벽력'은 '절대' 무리가 아니었다. 입구부터 내 어디처럼 팽만해 있었다. 상황이 그리된 데랴. 막바지를 각오하고 눈을 감은 채, 이마에 응축되어 끈적이는 수분을 구원의 샘물이나 되는 것처럼 짜내고 있었다.

"잠깐 내려갔다 오세요."

내 부실한 청력에 그 생생한 목소리는 사람의 소리가 아니었다. 아련한 신! 그렇다. 그것은 신의 목소리였다. 눈을 떠보니 차가 길 가양에 멈춰 서 있다. 나는 차가 그렇게 멈춘 줄도 몰랐다. 용수철처럼 마음은 튀는데 다리는 마비환자처럼 휘청거렸다.

고속버스를 세워놓고 길가 방뇨라니, 이런 망나니 같은 범법이 있나? 명색이 평생 공덕심을 되뇌었던 교원 출신이, 삶 자체를 수필처럼 살아보자던 글쟁이가, 망령(妄靈)도 이쯤 되면……. 아, 어쩔 수 없는 그 자괴감(自壞感).

고개 숙여 '무조건항복'을 선언했는데도 녀석은 좀처럼 힘을 실어주지 않았다. 버스 속에서 기다리는, 피둥피둥한 그 승객들의 군시러운 소리가 스멀스멀해 왔다. 서두를 수밖에. 땅에 닿을 만치 고개를 숙인 채, 그 신에겐 말할 것도 없고, 아무 데나 대고 굽실거리며 돌아와 의자에 묻혀버렸다.

이마의 진땀도 크고 긴 하품도 거짓말처럼 멎었다. 무엇인가 기사에게 사례를 해야 할 것 같았다. 돈을 주자니 봉투가 없고, 또 승객 중에 그런 걸 대가성(代價性) 운운하고 침소봉대할 '소식 장사들'이 없으란 법도 없어서 난감하기만 했다. 퍼뜩 아침에 떨어졌던 그 물건이 생각났다. 그렇구나. 그게 좋겠군.

터미널 가까이서 신호를 기다릴 때, 나는 제것도 아닌 그것을 제것인 양 신에게 내놓으며 '이렇게라도 감사를 표할 수밖에 없다.'며 정중히 고개를 숙였다. 사양하던 신도 이내 만면에 웃음을 띠었다. 나는 일찍이 그렇게 티 없이 흐뭇해 한 표정을 본 일이 없다. 역시 '신에겐 작은 것도 큰 것'이구나, 하는 생각이 들었다.

그것이 뭐냐고? '타임'이란 궐련(卷煙). 금연을 선언한 몇몇 문우들이 가끔 어울리게 되면 고향의 샘물 그리워하듯 회고조(懷古調)로 한 개비씩 꼬나문다. 그 엑스터시를 나는 상상할 수도 없는 비끽연가(非喫煙家)지만 그러기 때문에 그 간수가 내 몫으로 공모(共謀)되었던 것이다. 나는 그것을 그들과 상의 한 마디 없이 사사로이 처리했다. 그 '월권'이 나를 위한 행운의 적시타(適時打)가 될 줄이야!

입에 발린 말이 아니라 투병 중인 문우는 날렵한 미인이 되어 나타났다. 그 감동 속에 준비해 온 웃음보따리들이 다투어 섞이고 볼륨을 높여갔다. 나는 슬그머니 자리를 빠져나왔다. 마지막 적시타의 쾌연(快煙)을 위한 '타임'을 사러. 그래야 환자도 병마를 그 연기에 싸서 보내고 이내 완쾌의 적시타를 날릴 것 같아서다.

원칙의 울타리엔 늘 비상구가 있어서 홀연 숨통이 트이는 것 아니던가?

(2005)

4부

부용산

고등학교 때, 같은 문과반 친구 김준모에게 가슴 찡한 노래를 하나 배웠다. 벌교상고 음악선생이 죽은 딸을 부용산에 묻고 와서 지은 노래라고 했다.

부용산 오 릿길에 잔디만 푸르러 푸르러
솔밭 사이사이로 회오리바람 타고
간다는 말 한 마디 없이 너만 가고 말았구나
피어나지 못한 채 병든 장미는 시들어지고
부용산 봉우리엔 하늘만 푸르러 푸르러

퍽 애상적인 노래였다. 그러나 주변에 이 노래를 아는 사람이 거의 없었다. 여러 모임에 어울리다 보면 노래를 해야 할 경우가 자주 있었다. 대중가요가 주종이었지만 더러는 가곡이

끼기도 했다. 그럴 때, 나는 이 노래를 아주 편안하게 외어댔다. 마치 전매특권이나 가진 것처럼.

우연히 〈부용산 오 릿길〉이란 김성우 논설위원의 에세이를 읽게 되었다.(한국일보, '98. 2. 14.) 가슴이 마구 뛰었다. 행방이 묘연했던 옛 친구가 불쑥 나타난 것 같은 아니, 커닝이라도 하다가 들킨 것 같은 묘한 설렘이었다. 준모 말은 사실과 달랐다. 작자는 벌교상고 음악선생이 아니었다. 사연도 딸의 죽음이 아니라 사랑하는 제자의 죽음에 따른 것이었다. 주인공은 목포항도여중 학생이었다. 그녀와 같은 반 친구였던 김효자 교수의 증언에 의하면 그녀는 해방 직후 경성사범에서 항도여중으로 전입한 김정희란 학생이었다. '예쁘고 조숙한 천재'로 선생님들의 기대를 한몸에 모으고 있었다. 그런 그녀가 불행이도 3학년 때('48년), 폐결핵으로 쓰러졌다. 이를 애통히 여겨, 국어교사였던 박기동 선생이 가사를 쓰고 음악교사였던 안성현 선생이 곡을 붙여, '피어나지 못한 채' 이승을 뜬 제자를 추모하게 됐던 것이다. 나는 막연히 부용산이 목포 어디쯤에 있으려니 했다.

김 논설위원은 작사 · 작곡가의 신상도 밝혀 놓았다. 박 시인은 호주로 이민을 했고 안 작곡가는 6 · 25 때 월북을 했다. 안 작곡가는 안막(최승희의 남편)의 조카라고 했다. 그런 인연 때문이었는지 한때 빨치산들이 이 노래를 즐겨 불렀다 한다.

한참 지난 후, 김 논설위원은 다시 〈정설 부용산〉을 발표했다. (같은 신문, '98. 3. 28.) 박 시인에게 직접 확인한 내용이었다. 가사는 박 시인이 항도여중에 근무하기 전, 벌교상고에 있을 때 누이의 죽음을 애통히 여겨 쓴 시였다. 부용산도 벌교에 있는 산이었다. 그러고 보니 '부용산'의 배경은 준모의 말이 맞는 말이었다.

그러나 스물넷의 한창 나이에 죽은 누이를 '피어나지 못한 채 병든 장미'라고 표현한 게 결국 사단이 되었던 것 같다. 동기간의 애틋한 정으로 보면 충분히 그럴 수도 있는 표현이지만 그것은 아무래도 중3의 소녀, 김정희의 죽음에 더 어울리는 표현이 아니던가. 그런 점이 바로 누이를 추모해 지은 시가 제자를 추모하는 노랫말로 자연스럽게 바뀌지 않았나 싶다.

김 교수가 이 사실을 알고 "부용산이 어디 있은들 무슨 상관이랴. 그것은 차마 일찍이 잃어버리기에는 너무나도 아쉬운 사람이 묻힌 상징적인 산일 뿐"이라고 한 말은 매우 공감이 가는 시각이었다.

나는 이 노래를 걸맞지 않는 장소에서도 무심히 자주 불렀다. 그런 어느 모임에서 또 이 노래를 불렀다. 김수봉 선생이 다가와 "부용산을 서울서 만나다니! 우리 언제 합창 한 번 합시다."하고 손을 내밀었다.

그런 일이 있은 후, 뜻밖에 김 선생의 우편물을 받았다. '부용산'의 녹음테이프와 악보였다. 큰 글씨로 가사만 따로 뽑은 유인물도 있었다. 거기엔 전혀 들어본 일이 없는 2절이 나와 있었다.

그리움 강이 되어 내 가슴 맴돌아 흐르고
재를 넘는 석양은 저만치 홀로 섰네
백합일 시 그 향기롭던 너의 꿈은 간 데 없고
돌아서지 못한 채 나 외로이 예 서 있으니
부용산 저 멀리엔 하늘만 푸르러 푸르러

1절보다 더 애절하지 않은가! 나만 그 2절을 모르고 있었던 걸까. 준모 성격으로 보아 있는 것을 접어 두지는 않았을 터인데…….

한 친지가 김 논설위원의 〈동서의 노래〉(같은 신문, '99. 6. 4.)를 스크랩해서 보내왔다. 거기 보니, 예술학교 송광성 교수가 목포의 초청음악회('99. 5. 29.)를 준비하면서 〈부용산〉의 2절을 몹시 아쉬워했다 한다. 이를 김 논설위원이 호주의 박 시인에게 급전(急電), 박 시인이 2절을 바로 작사(作詞), 불과 3일 만의 화답으로 〈부용산〉은 실로 반세기하고도 2년 만에 2절이 이어지는 희한한 노래가 되었다. 아-, 그 생명력!

생각하면 〈부용산〉은 묻혀버리기 십상인 노래였다. 자리도 잡기 전에 사회적 격랑에 밀리고 그나마 작사, 작곡가가 다 이 땅을 떠났으니, 고아나 다를 바 없는 운명이었다. 그런데도 그 가치를 살려낸 김 논설위원을 비롯한 여러분들이 있었으니 얼마나 다행인지 모른다. 그분들의 노래사랑 예술사랑 문화사랑이야말로 이 땅의 풋풋한 심혼이라 할 것이다.

이제 〈부용산〉은 〈동서의 노래〉로 재빨리 확산되고 있다. 이러한 기운이 동서뿐 아니라 남북으로 아니, 세계로 심금을 울리는 화음으로 뻗어나갔으면 하는 마음 간절하다.

아무래도 오늘 밤엔 미국에 사는 준모에게 이 글과 함께 오랜만에 정회의 일단을 띄워야 할 것 같다.

(2000)

아, 예뻐

"아- 예뻐. 우리 진욱이!"

눈만 뜨면 아내가 되뇌는 감탄사다. 시도 때도 없이 터져 나오는 탄성이 갈수록 싱그럽다. 그런 빈도, 그런 농도라면 아마 꿈속에까지도 이어지고 있을 것이다.

녀석이 태어날 때 그 해산구완을 아내가 했다. 한 달여의 낮과 밤을 아내는 녀석과 함께 지낸 것이다. 어느새 백일도 지내고 다섯 달째가 한창인데 녀석이 제 엄마와 함께 불쑥 우리 집에 나타났다. 아내는 불문곡직하고 녀석을 덥석 끌어안고 환호를 연발했다. "아- 예뻐. 진욱이!"

임신중독증을 나는 '입덧의 의학적인 표현' 쯤으로 알고 있었다. 황당한 그 식견은 녀석의 엄마가 그 후유증으로 안과치료를 받아야 한다는 벽력 앞에 그만 참담해지고 말았다. 수술을 받게 되면서 그것이 아직 원인도 모르는, 모체의 전신에 걸친 질환이라는 것을 알게 되었다. 일반적으로 부종·단백뇨·고혈압 등이 주된 증세지만 출산 후에는 대개 풀리는 것이라 한다.

녀석 엄마의 경우는 그 무소불위의 독소가 하필이면 망막을 파고든 것이다. 잘못하면 실명할 수도 있다는 의사의 설명에 우리는 협박이나 당한 것처럼 움츠러들었다. 의사는 묻지도 않는 끔찍한 얘기들을 줄줄이 들먹이곤 죽는 경우도 비일비재하다는 마지막 말을 잊지 않았다. 이윽고 온후한 표정이 되어 "그래도 그런 정도면 불행 중 다행이니 안심하라."고 위안의 말로 다독거렸다.

수술을 받은 다음날, 뜻밖에 바로 퇴원이 되었다. 의사는 만면에 웃음을 띠고 유의사항을 염주 굴리듯 이어댔다. 스트레스 받지 말고, 과로하지 말고, 무거운 것 들지 말고, 텔레비전 보지 말고, 햇볕 속에 나가지 말고, 책도 보지 말고……. 적어도 한 달 동안은 그래야 한다는 엄명이었다.

그리하여 녀석의 엄마는 별안간 딸로 되돌아와 결혼 전의 제방에 눕게 되고, 아내와 나는 딸을 기르던 때처럼 녀석을 살피는 엄마역이 되었다. 딸은 음악 감상·명상·휴식 등으로 회복을 추스르고, 아내와 나는 사돈댁 어른들에게 미안한 생각이 들 만큼 외손자의 귀여움을 독차지했다.

아내는 줄곧 분주하다. 시간 맞추어 우유 먹이고, 이유식 챙기고, 그에 따른 정리와 설거지를 한다. 수시로 기저귀를 갈고 옷을 갈아입힌다. 옷이야 목욕시킨 후 한 번이면 족할 일인데 걸핏하면 녀석이 토하는 바람에 응급조치가 뒤따르지 않을 수 없다. 그 설거지 또한 긴요한 일이다. 아내는 종일 문턱이 닳도록 넘나들고 앉았다 섰다 편히 쉴 사이가 없다.

그런데도 시종 싱글벙글 신이 난다. 우유나 이유식을 다 먹으면 다 먹어서 예쁘고, 다 먹지 않고 젖꼭지를 밀어내면 그 의사표시가 분명해서 또한 귀엽고, 토하면 토한 대로 할 짓은 다 하는 것 같아 대견하다. 옷을 입힐 때도 순순히 따라주면 따라주어서 신통하고, 버둥대면 버둥댄 만큼 힘차서 자랑스럽다. 기저귀를 갈 때도 배뇨량이 많으면 많은 대로, 적으면 적은 대로 그저 녀석의 엉덩이를 다독거리며 기특해 한다. 무릇 설거지도 손끝에 휘파람이 인다.

내가 하는 일은 녀석을 보는 일이다. 아니, 녀석과 함께 노는 일이다. 어쩌면 그것은 녀석과 함께 사는 일이라고 해야 적절할지 모른다. 그만큼 녀석은 거의 보채지도 울지도 않는다. 다급하게 얼르고 달래야 하는 경우를 나는 아직 겪어보지 못하고 있다. 녀석은 그만큼 아기 같지 않는 의젓한 면이 있다. 그렇다고 내 직무가 마냥 수월하다는 것은 아니다.

아내의 찬미를 접어둔다 해도 녀석의 두상은 일품이다. 잘 다듬어진 조각품 같다. 그 바탕에 배치된 이목구비야 말해 무엇 하랴. 오죽하면 녀석의 이모가 헤어밴드를 끼우고 "진희야,

진희야." 하고 놀려댔을까.

녀석의 성장 의지는 대단하다. 누운 채 손발을 휘젓는 운동을 쉼 없이 한다. 엎치기 연습도 열심이다. 더러는 엎딘 쪽 팔을 빼내지 못해 그냥 원위치로 되돌기도 한다. 살짝 도와주면 다음 동작이 한결 활발하다. 요 바닥에 이마를 대고 엉덩이를 쳐들어 발로 미는 이른바 배밀이를 계속한다. 입을 동그랗게 움츠린 채 상기된 모습이다. 아내는 예쁜 코 납작해진다고 그만 일으키라고 성화지만 모른 척해 본다. 이윽고 지치면 녀석은 양팔을 펴 고개를 들고 주변을 두리번거린다. 도움을 바라는 것이다. 그래도 그냥 내버려두면 제 힘으로 되엎을 수 없는 한계를 익히 아는지 그대로 엎딘 채 "어- 어- 어-" 하다가 싱겁게 잠이 들곤 한다.

착하고 순한 이런 녀석을, 그러기 때문에 보채고 울 때까지 마냥 혼자 둘 수는 없다. 교육적으로야 어떻든 내 정으로는 도저히 그럴 수가 없다. 그것은 착하고 순한 것에 대한 일종의 배신 같아서다. 녀석과 나는 그래서 종일 함께 놀고 함께 사는 것이다. 자연히 대화가 통할밖에.

나는 즐겨 녀석을 안아준다. 가슴과 가슴을 맞대기도 하고 등과 가슴을 맞대기도 하는 자세다. 안은 채 소파에 앉아 좌우로 가만가만 흔들기도 하고 일어서서 흔들기도 한다. 거실을 거닐기도 하고 방들을 순회하기도 하고 더러는 현관 밖도 나갔다 온다. 녀석의 이런 변화의 요구는 돌발적인 '손발 뻗치기'가 그 메시지다. 녀석은 내내 안겨 있는 게 싫증이 나면 몇 번이고 이 메시지를 반복한다.

보행기로 옮겨 파적을 시도한다. 나는 부착돼 있는 놀이장치들을 감탄조로 설명하면서 녀석의 손을 끌어서 이것저것 눌러보고 돌려도 본다. 무엇이나 잡아보려는 어설픈 손놀림이 앙증스럽기 이를 데 없다. 그러나 제대로 되지 않는다. 녀석은 심통이라도 난 것처럼 느닷없이 놀이기구들을 난타한다. 그러나 입을 움츠린 채 침까지 흘리는 진지한 모습은 귀여움을 넘어 자랑스럽기도 하다.

녀석은 심심찮게 눈자위를 비비고 도리질을 한다. 졸린다는 신호다. 나는 지체 없이 녀석을 안거나 유모차에 태우고 거실을 몇 바퀴 돈다. 녀석은 어느새 꿈나라에 가 있다.

"아- 예뻐! 우리 진욱이."

초로의 할머니들 사이에, 손자 자랑이 하도 심해서 '자랑을 하려거든 만 원 내놓고 하라.'는 우스갯소리가 있었다. 요즈음엔 그것이 오히려 듣는 쪽에서 '만 원 줄 테니 그만하라.'로 발전했다니 참으로 대단한 일이다.

녀석에 대한 아내의 감탄이 내게도 그대로 전이되어 한 달 남짓을 꿈결같이 보냈다. 녀석의 착한 나날이 제 엄마의 회복도 순조롭게 도와서, 이젠 제 집으로 돌아가야 한다. 나는 무엇인가 그동안의 정회를 남기지 않을 수가 없다. 그러나 그 기록이 녀석의 손놀림만큼이나 어설픈 건 웬일인가.

그럼에도 불구하고 이를 참고 관심해 주신 분이 혹시 있다면 이를 어떻게 해야 하나. 즐거이 지갑을 꺼내야 할밖에.

(1999)

목도장

내겐 오래된 목도장이 하나 있다. 길이 5.8센티, 직경 1.2센티의 둥글 도장이다. 앞뒤를 구분하기 위해서 살짝 파 놓은 표지 위에 집게손가락을 얹고 가운뎃손가락과 엄지손가락을 뒤로 받쳐 잡으면 더없이 편안한 감촉이다.

도장밥 기름이 창연하게 밴 빛깔이다. 아래쪽 삼분의 일 정도는 붉은 빛이 선연하다. 담갈색이 자연스럽게 이어지고 끝 부분에 이르면 좌절된 비상(飛上)이 멍울진 검은 빛이다. 도장을 쥔 상태에서 둘러보면 가운뎃손가락 바로 아래 옹이 자국 같은 까만 흠이 하나 있다. 그것을 근간으로 좀 짙기도 하고 옅기도 한 색조들이 가로 세로로 흐릿한 '파적의 아름다움'을 그리고 있다.

모서리는 닳고 또 닳아 희미해지거나 없어진 지 이미 오래다. 함께 사라진 가장자리의 자획들이 덧없이 먹통을 과시하고 있다. 가운데 자획들이 간신히 그 형태를 지탱하고 있는 형편이다.

나는 여러 개의 도장을 가지고 있다. 아마 열 개는 넘을 것이다. 여행 선물로, 학생들의 졸업 기념품으로 이따금 받았던 것들이다. 둥근 것, 네모진 것, 큰 것, 작은 것 가지각색이다. 그러나 그 재료들은 하나같이 나무가 아니다.

그것들에 비하면 그 목도장은 매우 작고 꾀죄죄한 것이다. 그러나 당시 일반적으로 사용했던 계란형의 막도장에 비하면 한 단계 높은 것이다. 학생으로선 감히 욕심낼 수 없는 호사로운 것이다. 그런 도장을 내가 소유하게 되었으니 이변이라면 이변이다.

6 · 25 전쟁이 일어나던 해 겨울, 계엄령까지 겹친 혹한 속에 이웃집에 피란을 왔다는 한 청년이 가끔 내 방엘 찾아왔다. 말수는 뜸했지만 정세 분석을 시작하면 거품을 튀겼다. 더러는 점심을 대접했다. 그는 도장포 주인이었던지 느닷없이 도장을 파주고 싶다고 했다. 그리곤 자꾸 취향을 물었다.

기왕 팔 바엔 무엇인가 좀 색다르게 하고 싶었다. 선뜻 왜 도장은 꼭 한자여야만 하는가 하는 의문이 일었다. 주변의 얘기들을 들어보았다. 모두들 '호적이 한자로 기록되어 있으니까.' '같은 이름이라도 구분이 잘되니까.' '아무래도 묵직하니까.' 하는 따위 이유들로 줄줄이 한자 선호였다. 그런데도 나는 어쩐지 한글 도장을 갖고 싶었다. 그리하여 그 청년에게 줄은 가로로, 글씨는 노트에 쓰듯 예쁘게 한글로 잘 새겨 달라고 주문했다. 나의 '창조적인' 이 목도장은 그렇게 해서 고고성을 울렸던 것이다.

그러나 막상 도장을 찍을 곳이 없었다. 궁리 끝에 몇 권 되지 않는 도서의 비인(秘印)으로 우선 활용하기로 했다. 그 후, 그 도장은 대학입시원서부터 시작해서 대학 생활에 필요로 했던 모든 서류들의 날인란을 독차지했다.

보는 친구마다 이색적이라 했다. 여성용보다는 크고 남성용보다는 작은, 그 아담한 사이즈가 무엇보다 마음에 든다고 했다. 학교에서 배운 대로 펜글씨 쓰듯 가로로 새긴 한글이 한자보다 오히려 산뜻하다고 호들갑이었다. 학교에선 가로쓰기를 가르치면서 신문이나 잡지는 세로쓰기를 하는, 이해할 수 없는 처사에 대해서도 일침을 가했다.

아담 사이즈는 교원이 된 후 제대로 권능을 발휘했다. 출근부는 물론, 각종 기안지에 부지런히 찍혀졌다. 학생들의 성적 소표 일람표 등등에 대한 계속된 날인은 그대로 직무의 리듬이었다. 그것 없이는 일을 할 수 없었다. 자연히 교무실 책상 서랍에 소중히 넣어 두고 다닐밖에. 달과 해가 거듭하면서 서서히 그 무게도 더해졌다.

뜻밖의 사건이 일어났다. 알 수 없는 지불명령 쪽지가 날아왔다. 즉각 이의 신청을 했다. 이윽고 정해진 날에 법원을 찾아가야 했다. 열이 치솟고 떨리기도 했다. 10시까지의 출두여서 시간을 맞추느라 급히 갔는데도 어찌된 일인지 점심때가 되어도, 하오 5시가 넘어도 딴 이름만 줄줄이 불러댔다. 지정된 자리에 부동자세를 취하게 된 건 정확히 하오 6시. 재판관은 잠시 우물쭈물하더니 "됐어요. 가세요. 더 안 와도 됩니다." 하는 것이었다. 그런 판결도 있나? 그러나 재빨리 들어선 다음 사람에 밀려 쫓기듯 퇴정하고 말았다. 귀신에게 홀렸다가 풀려난 기분이었다.

열흘이나 지났을까. 전출한 한 동료의 편지를 받았다. 거두절미하면 그가 내 도장을 슬쩍하여 나를 연대보증인으로 세우고 돈을 빌렸다는 것이다. 채권자는 이미 고인이 되었는데 아들이 사망신고를 하지 않고 그렇게 잔머리를 굴렸다는 얘기다. 미안하기 이를 데 없지만 다 해결되었으니 안심하라는 사죄였다.

이를 계기로 나는 도장을 늘 도장집에 넣어 몸에 지니는 버릇을 길렀다.

한번은 어떤 친구가 "곗돈 타는 데도 보증을 세우라니, 내 참." 하고 어이없어 하면서 불쑥 쪽지를 내밀었다. 별 생각 없이 '쾅'하고 호기를 부렸다. 결국 그것 때문에 나는 1년을 꼬박 몸부림쳤다. 그는 나만 모르고 있었을 뿐, 모두가 잘 아는 빈털터리였다. 봉급은 이미 차압되었고 여기저기 빚이 '대추나무 연 걸리듯' 어지러웠다. 내기는 쉬웠던 '쾅' 소리가 지우기는 왜 그리 힘들었던지.

사실은 그때까지도 무심했었지만 이를 계기로 나는 '계'라는 것과는 평생 무연한 입장이 되었다. 그리고 책임을 일깨워 준 도장의 윤리에 대해서 사뭇 옷깃을 여미는 자세를 다졌다.

직장을 책임지면서 도장의 역할이 부쩍 늘었다. 그러나 그 대응은 기민했다. 위의 두 경험이 바로 그 경영의 뒷받침이 되어 준 탓이다. 수없이 되풀이되는 '쾅, 쾅' 속에 저절로 자획이 무디어지고 흐려졌다. 바꾸라는 권유들이 있었지만 손가락 속에 폭 안기는 그 평온을 나는 도저히 저버릴 수가 없었다. 그리하여 그와 나는 그야말로 평생의 감밀적(甘蜜的) 반려(伴侶)가 된 것이다.

목도장에는 도장밥과 내 손때가 스며 있다. 뿐만 아니라 거기엔 나의 사랑과 신념, 아니 나의 인생이 스며 있다. 도장과 나는 이제 더불어 퇴역, 퇴임한다. 하지만 나는 그 목도장을 죽을 때까지, 아니 저승에까지 대동할 것이다.

(1999)

미망의 징검다리

씨줄 날줄의 틀은 놀랍다. 반복되는 낮과 밤에 달과 해의 차례를 매기고 그해를 또한 봄 · 여름 · 가을 · 겨울, 건기 · 우기, 춘분 · 하지 · 추분 · 동지 등의 절서(節序)로 구분하여 시·공의 삶을 가지런히 해 주고 있기 때문이다. 해를 백 단위로 묶어 한 세기로 삼고 이를 보내고 맞을 때마다 약진의 계기를 획(劃)해 주고 있기 때문이다. 우리는 지금 20세기를 보내고 새 세기를 맞는 분수령에 서 있다. 비록 사사롭지만 낸들 어찌 한 오리 정회가 없겠는가.

나의 삶은 20세기 중반의 시 · 공에 21세기 초반이 더해지는, 두 세기에 걸친 행운의 삶이 될 듯하다. 추상(追想) 속의 내 실존은 일본에 가시는 할머니를 따르겠다고 엄마 등에서 발버둥쳤던 흐릿한 영상이 그 단초(端初)다. 나는 태어나면서부터 이미 식민지 백성이었다. 이후, 광복 조국의 한 시민으로서 오늘에 이르기까지 고비마다 엉긴 그 앙금을 다 어떻게 말할 수 있으랴.

인기 없는 교양 과목처럼 한구석에 끼어 있던 '조선어 시간'이 슬그머니 자취를 감춘 바로 그 시기에 나는 초등학생이 되었다. 대동아 전쟁이 일어나면서 공부는 제쳐두고 일만 했다. 운동장은 고구마 밭이 되었고 그 너머 포플러 숲에는 총총히 방공호가 만들어졌다. 공출 물량(供出物量)을 늘리기 위한 꼼수였던지 농번기의 노력 동원이 철저했다. 그 덕에 나는 낫질을 배웠다. 훈련이 아닌, 실제 상황의 경계경보에 혼쭐이 나면서도 일본은 신의 나라여서 반드시 이긴다는 선생님의 말씀을 철석같이 믿은 나, 스미야헤이고(純山炳鎬)는 '대동아 공영을 위한 국민 총력의 성전'에 제몫을 다한 소년이었다. 그러나 일본은 패망했다. 내게 떨어진 건 오른손에 익힌 낫질이었다. 나는 취학 직전에 간신히 먹기와 쓰기를 오른손에 익힌 왼손잡이였는데 뜻밖에 낫질 하나가 더 추가된 것이다. 이 무슨 빛나는 유산인가?

해방 조국은 나를 어리둥절하게 했다. 썰물이 됐던 조선어가 밤사이에 밀물로 회귀했다. 일본 사람인 줄 알았던 선생님이 조선 사람으로 둔갑하여 '자주 독립만세'를 소리 높여 외쳐댔다. 북위 38도선을 경계로 남엔 미군이, 북엔 소련군이 각각 진주했다. 좌 · 우익이 갈리고 찬 · 반탁이 맞서고 애국가의 후렴도 '조선 사람 조선으로'와 '대한 사람 대한으로'가 맞붙어 열창되었다. 나는 천지도 모르고 '국대안(國大案) 반대' 데모에 끼기도 했던 중학생이었다. 마침내 진주군의 빛깔에 알맞은 두 개의 정부가 서울과 평양에 각각 들어섰다.

썰물이 된 좌익이 한창 지하로 스밀 때 여수 14연대 반란사건이 일어났다. 그들이 지리산으로 밀려 저항하는 통에 이 지역 백성들은 밤에는 좌익, 낮에는 우익이 되어야 살 수 있는 참담한 나날을 보냈다. 나는 주에 한두 번은 계엄사령부 운동장에 나가 36방향까지 분산되는 제식훈련(制式訓練)에 넋과 종아리를 다 바쳤다. 이윽고 지리산이 잔잔해지는가 했는데 뜻밖에 6 · 25 전쟁이 터졌다. 밀치락달치락하는 바람에 지리산 일대는 또 인민군 빨치산의 항전 무대가 되었다. 밤에는 인민공화국, 낮에는 대한민국이라는 악순환이 처절하게 이어졌다. 마침내 휴전이 되었다. 그러나 휴전선은 38선보다 더 험악한 장벽으로 남북을 가로막고 말았다. 통일은 그만큼 더 어려워진 것이다. 과연 이데올로기가 무엇이란 말인가?

생명을 내거는 무대가 정치계로 보였다. 그렇기 때문에 사내라면 더욱 도전해 볼 만한 가치가 있는 게 아닌가 싶었다. 그러나 내겐 그럴 만한 지혜도 용기도 없었다. 중학교 때부터 걸핏하면 움츠러들었던 골방 책읽기에 그만 안주하고 말았다. 춘원(春園), 상허(尙虛), 민촌(民村) 등에 이어 지드, 톨스토이, 로렌스 등을 섭렵했다. 특히 지드를 구라파의 양심이니 지성이니 하고 평하는 말에 턱없이 가슴만 울렁거렸다. ≪좁은 문≫이야말로 그 지성이 조율한 더없는 사랑의 미학이라고 경탄하면서 특별한 순수에나 취한 듯 착각했다. 그런 순수 읽기가 과연 지혜인가 퇴영인가?

작가 지망생은 대학을 중퇴하고 신문기자가 되는 것이 그 정도라고 생각했다. 상허를 비롯한 몇몇 문인들의 경력이 그렇게 가르쳐 준 것이다. 그런데 나는 대학을 중퇴하지 못했고 물론 기자도 되지 못했다. 게다가 "창작이요? 해석도 제대로 못하는 주제에 창작이라니, 그거 아무나 하는 게 아니오." 하는 어느 분의 말씀이 겹쳐 글쓰기는 그쪽의 천재 몫으로 돌리고 나는 조용히 중등교원이 되었다.

민주주의를 위한 반공이 반공을 위한 민주주의 제한으로 그 목적과 수단이 아리송해진 가운데, 한글 전용 · 한자 혼용 또는 병용의 시비가 잦아들지 않은 가운데, 정상 수업보다 보충 수업이, 교과서보다 부교재의 무게가 더해지는 가운데 보통교육은 상급학교 입시가 멱을 쥔 후줄근한 꼴이 되었다. 교원들 사이에도 사계(師系)니 비사계니 하는 따위, 핵우산 같은 덩치들의 시샘이 기승을 부렸다. 교육정의(正義)는 누가 어떻게 세워야 할 것인가?

어쩌다 글쓰기 쪽에 발을 들여놓게 되었다. 비재(非才)를 확인한 지 오래인데 우연히 얻게 된 행운이라면 행운인 셈이다. 나는 일찍이 내 문학 소년에게 졌던 빚을 갚는 심정으로 원고지 한 칸 한 칸을 정성을 다해 메웠다. 각종 문학 행사에도 빠지지 않으려고 노력했다. 뜻밖에 상도 타고 조촐하나마 책도 냈다.

그러나 핵우산 같은 덩치들의 힘겨루기는 여기에도 있었다. 장르별, 출신지(出身誌)별, 아무개 제자별로 나뉘는 자긍심들이 대단했다. 그야 높을수록 가편(加鞭)이 될 터이지만 어쩐지 씁쓸한 심정을 저버릴 수 없었다. 그렇게 선을 긋고 담을 쌓아 무엇을 어떻게 열자는 것인가?

텍스트 중심의 강의실 교육에 대해서 갸우뚱하는 사람들이 있다. 비록 그것이 객관적이고 과학적이라 할지라도 그 배면 깊숙이 결부된 어떤 지배적 정치권력을 간과할 수 없기 때문이라 한다. 그리하여 교수의 교수 행위란 결국 그 공인된 권위로 특유의 사투리를 높은 교단에서 단하의 낮은 학생에게 내려보내는, 바로 그 지배 권력의 재생 외에 다름 아니라는 것이다. 자유로운 사고를 가르치는 것이 아니라 역사적 유물을 안내하고 있다는 것이다. 철학은 이렇듯 어떤 사상이나 제도 속에 숨겨진 목적이나 교류 체계를 철저히 풀고 따져서 판을 다시 짜야 한다는 주장이다. 이는 과연 21세기의 한 비전이 될까.

자연과학이 씨줄 날줄로 짠 시 · 공의 틀에 기타의 과학들은 저마다의 영역에서 높고 낮은, 넓고 좁은 다채로운 지도들을 그려 왔다. 그 파워 게임의 부침은 그대로 시 · 공을 좁히고 넓히는 변혁의 요인이었다. '지구촌'이란 말이 자연스럽게 회자되지 않았던가. 21세기는 더욱 열리고 투명해진 탄탄대로였으면 싶다.

나의 20세기여. 미망의 징검다리여. 아듀!

(1999)

너덜경의 군락

주저 없이 그를 따랐다.

광덕산에 그런 코스가 있으리라곤, 아니 그런 군락이 있으리라곤 상상도 못했다는 그의 말에 혹해서다. 앞서 가던 그가 별안간 오른편으로 방향을 바꾸었다. 거긴 길은커녕 길 같은 것도 없었다.

뜻밖의 너덜경이었다. 시샘하듯 양편으로 푸름을 제친 진회색의 돌과 바위들이 왜깍대깍 부릅뜬 눈망울 같았다.

이건 코스가 아닌데……. 아니, 그래도 코스라고 해야 하나? 나야 오롯한 미답의 경지이지만 그는 이미 개척하여 답파한 코스이니 말이다. 그래, 길이란 태초부터 그렇게 열려서 한 코스가 되던 것을…….

너덜경, 그것은 정연하게 이어지는 오르막이 아니었다. 넓어지고 좁아지고, 돌고 꺾이고, 가파르게 혹은 완만하게 올라채는 파란만장이었다. 그 바닥 형편에 따라 그와 나는 붙었다 떨어졌다, 앞서거니뒤서거니 하며 왜깍대깍한 오기를 밟아댔다.

살아온 세월 같구먼. 밟히는 그 울뚝불뚝함이, 돌거나 넘거나 해야 할 바윗덩이의 그 도도함이. 끊임없는 도전을 간단없이 결단해야 했던 그 현실과 동궤가 아닌가.

집채만 한 바윗덩이가 묻힌 반반한 마루터기. 너덜겅 아래로 겸허하게 흐르는 맑디맑은 물을 불러올려 여느 계곡 같은 풍류의 일장을 연출한 조촐한 공간. 양분된 푸름이 화해의 손짓처럼 다가선 희한한 군락의 분지(盆地)! 햇살이 눈부셨다.

이야말로 '중간지대'로군. 올라가는 것도 내려가는 것도 아닌, 아니 오르내릴 때마다 부담 없이 신들메를 풀 수 있는 곳. 이런 곳이 '수필의 목장'이라고? 아니 '농장'이란 말이 더 어울릴 듯. 어떻든 나는 여기서 무엇인가를 얻어가야 하는데…….

"어때요?" 그의 손짓이 당당했다.

담홍색의 꽃 무리가 화사하게 펼쳐 있다. 야 야! 경탄이 저절로 쏟아졌다. 긴 숨을 토하고 다가가 보니 살짝 흰빛이 서린 녹색 바탕의 화초다. 키는 30~40cm나 될까? 긴 꽃대에 꼭지 달린 여러 개의 꽃이 어긋나게 주렁주렁 매달려 있다. 밑에서부터 피어오르는 것인지 꽃대 끝엔 몇 개의 망울이 여리게 모여 있다. 금낭화(錦囊花)라고 했다. 흔히 '며느리주머니'라고도

한단다.

금낭화, 그 꽃의 아름다움도 아름다움이지만 이를 군락으로 퍼트린 그 의장은 정말 창조주만이 누릴 수 있는 숭미(崇美)의 경지가 아닌가! 창작이란 역시 창조주의 몫이란 생각이 들었다. ㅇ화백과 같이 왔어야 하는데…….

사람은 고작 산을 본떠 정원을 꾸미고 또 이를 줄여 분재 따위를 세우지. 예술이라고 창작이라고 자랑이 대단하지. 좋은 말씀이야. 그러나 그건 사실 창조주의 어설픈 흉내내기지 뭐.

금낭화, 그 군락 속에는 바위가 듬성듬성 박혀 있었다. 아예 바랄 것도 기다릴 것도 없는 의연한 그 실존, 그 함묵이 오히려 금낭화의 아름다움을 만천하에 웅변하는 후광이 되고 있었으니, 햇살과의 그 깊은 조응을 나는 헤아릴 길이 없었다.

아무래도 다음엔 ㅇ화백과 동행해서 그의 예안(藝眼)을 경청해봐야 할 것 같다.

(2004)

팽낭거리

녹음이 짙어지면 높고 넓은 차양이 두툼하게 쳐진다. 떠받친 두리기둥들은 큰 절간의 그것들보다 더 튼실하다. 내 아버지의, 아버지의 아버지 때도 고만고만했다니, 피고 진 그 세월을 얼마나 셈해야 할까. 둥치가 두어 바람쯤 되는 것도 서너 그루 있다. 버섯 핀 살갗도 아직은 보이지 않으니……. 저력의 둥구나무여!

차양 밑엔 언제나 상큼한 기운이 자욱하다. 지리산의 정령인지 섬진강의 청심인지? 사람들은 부채를 내던지고 너도나도 거기 모인다. 유선각(遊仙閣)엔 할아버지들이, 땅 위로 뻗은 뿌리 방석엔 아저씨들이, 가양의 모랫바닥엔 조무래기들이 저마다 편안한 영지(領地)를 꾸민다. 그곳은 왼쪽으론 신작로를, 오른쪽으론 서살(서쪽 고샅) 도랑을 터준 뒷마당 같은 자린 것을……. 정겨운 정자나무여!

논매기에 헉헉댈 무렵, 점심이 끝나면 그곳엔 잠시 뿌리 목침을 벤 베잠방이들이 아무렇게나 너부러져 드르렁거리기 일쑤다. 그 사이를 비껴가다 보면 울룩불룩, 더러는 곤두선, 결코 보아선 안 될, 콩닥거리는 불경(不敬)을 어찌할 도리가 없다. 눈길은 더욱 빛을 더하니. 간헐적인 방기(放氣)의 쾌음(快音)이 이에 질세라 고저 장단을 방산한다. 숨을 길게 뱉고 차양을 바라보면 그 모든 것이 다 생명의 약진을 다지는 잔잔한 충전인 것을……. 신묘한 당산나무여!

팽나무 열매가 토실해지면 조무래기들은 열매 크기에 꼭 맞는 대통을 구해 펌프 원리를 원용한 총을 만든다. 한 알을 앞에다 꼭 끼고 또 한 알을 뒤에 끼워 갑자기 밀어대면 푸른 탄환이 펑펑 차양 끝에 오른다. 꼬마 병사들에겐 그게 바로 기쁨과 희망의 소리인 것을……. 축복의 팽나무여!

팽나무 거리에서 '팽남거리'로, 다시 부드럽게 '팽낭거리'로 불리는 그곳은 내 애틋한 향수의 한 자락이다.

뫼루소형

그은 엉뚱한 짓을 잘한다. 무엇이든 재빨리 진수를 파악하고 간명하게 정리하는 재간이 툭툭 튄다. 정곡을 찌르는 무엇인가가 그 속에서는 항상 도사리고 있는 것 같아 귀가 쫑긋해진다. 무모하리만큼 몰아대는 대담한 실천력이 또한 손에 땀을 쥐게 한다.

횡단보도 잎에시의 일이다. 함께 푸른 신호를 기다리고 있는데 그는 느닷없이 불만을 토해냈다. "교통정리라는 게 뭐야. 뒤얽힘, 막힘을 원활히 풀자는 것 아냐. 그런데 개 한 마리도 얼씬거리지 않는 텅 빈 길을 앞에 두고 멍하니 신호 떨어지기를 기다린다는 것은 정말 일급 코미디야, 코미디. 아니, 심각한 인권문제이기도 하지, 안 그래. 넌 어찌 생각해?" 하곤 잽싸게 걸어 나갔다.

ㄱ은 나를 만나면 이런 유의 언동을 꺼림 없이 해댄다. 그는 언젠가 자신을 '돈키호테형'이라 하고 나를 '햄릿형'이라고 단정한 일이 있다. 당시 나는 두 작품을 다 읽고 있었지만, 그 뜻을 깊게 헤아릴 수준은 아니었다. 그런데 ㄱ은 놀랍게도 '형型' 자까지 붙여가며 어쩌고저쩌고 해대니 기가 질렸다. 그러면서도 별로 싫진 않았다. 저돌적인 돈키호테보다는 사색적인 햄릿이 훨씬 품위 있고 고상한 것 같아서다.

이 같은 분류가 사실은 투르게네프에 의한 것임을 알게 된 것은 한참 후의 일이다. 투르게네프는 '햄릿과 돈키호테'라는 강론을 통해서 햄릿은 생각만 하고 돈키호테는 행동만 하는 인간이라고 했다. 햄릿은 선도 악도 믿지 않고 오로지 회의와 사색에 빠진 반면, 돈키호테는 악에 짓눌린 민중을 위해 싸운답시고 유용한 풍차를 쳐부수는 따위, 저돌적인 행동에 빠진 유형임을 지적했다. 비극의 씨앗은 양편에 다 있게 마련이지만 회의보다는 행동을 한결 우위(優位)에 두는 강론이었다.

투르게네프는 돈키호테의 행동주의 사상과 맥을 같이하는 소설 ≪아버지와 아들≫에서도 주인공 바잘로프를 통해서 행동사상을 허무주의로 표현하고, 합리론자들이 만들어낸 어떤 제도나 법칙도 그 권위를 인정하지 않았다. 아이러니나 반어적인 말은 곧잘 해도 거짓말이나 변명, 회피, 위선, 허영, 타협 따위는 아예 타기했다. 투르게네프는 차가운 사상보다는 피가 도는 실천을 통해 구체적인 현실을 바로잡고자 한 행동주의 작가였다.

이런 배경을 일별하고 났을 때, 돈키호테형으로 자처했던 ㄱ의 그 재빠른 판단은 일종의 자성예언(自成豫言) 같기도 했다.

햄릿형으로 불렸던 나는 공연히 부끄럽기만 했다. 천지도 모르고 내심 흐뭇해서 그 틀에 자신을 맞추려고 제법 회의에 잠긴 듯, 선택의 고민에 빠진 듯, 사유의 논리에 골몰한 듯 당찮은 폼을 잿으니 백 번 낯을 붉혀도 시원찮을 일이다. 이후 나는 한 번도 무슨 형 운운하는 말을 꺼내지 않았다.

실존주의 얘기가 한창이던 시절의 어느 날, ㄱ은 불쑥 카뮈의 ≪이방인≫을 내밀었다. 숨 돌릴 사이도 없이 "주인공이 꼭 너 같아. 그래 넌 햄릿형이 아니라 바로 뫼루소형이야." 하고 알 수 없는 미소를 지었다. 나는 순간 불쾌감 같은 어지러움을 잠시 추슬러야 했다. 그렇지만 이내 따라 웃었다.

나더러 뫼루소형이라고? 어머니가 돌아가셨는데 그 마지막 얼굴도 보려 하지 않고, 눈물도 흘리지 않는, 시신 앞에서 담배를 피우고 잠을 자고, 밀크커피를 마시고, 장례 후 묵념도 하지 않고, 또 그 이튿날 바로 해수욕을 하고, 여자와 놀고, 영화구경을 하는 따위, 그런 매정하고 부도덕한 뫼루소 같은 인간형이라고?

글쎄, 그저 해본 말이겠거니 하면서도 어쩐지 께름칙했다. 문득 내가 상주였던 지난 일들이 생각났다. 그래, 그럴지도 모르지. 그때 나도 허식적인 의례나 관행에 내심 얼마나 거북해 했던가. 간편한 현대식 상례에 따른다 하면서도 가슴에 달아야 하는 상장을 보는 이들에게 공연한 번잡을 준다는 구실로 끝내 생략해버리지 않았던가. 따져보면 불효하기는 그나 나나 오십 보 백 보다.

그러나 뫼루소가 사람을 죽이고 사형 당하기까지의 과정은 나와 무연한 얘기다. 살의(殺意) 여부를 묻는 재판장에게 죽일 생각은 없었지만 햇빛 때문이었다고 대답하는 뫼루소, 신부의 면회를 거절하고 어떤 도움도 청하지 않는 뫼루소, 다가올 죽음에 대한 명철한 의식으로 세계와 자기가 하나 되는 행복감에 젖어 자기의 사형집행을 많은 구경꾼들이 함성으로 맞아주길 바라는 뫼루소, 어찌 내가 그런 알 수 없는 이방인이 될 수 있겠는가. 뫼루소형? 당찮은 얘기다.

만일 내가 그 경우를 당했다면 나는 즉각 변호사를 사고 그와 공모하여 온갖 논리를 내세워 그것이 정당방위라고 주장했을 것이다. 아니면 본의 아닌 실수라고 참회의 눈물을 줄줄 흘리며 동정을 구했을 것이다. 신부 따라 손을 모으고 성경 구절을 주저리주저리 외며 매달리다가 정 안 되면 천당의 문이라도 열어달라고 애원했을 것이다. 줄곧 죽음의 공포에 떨며 차라리 세계가 멈춰주기를 자랑스런 조상의 이름으로 빌고 또 빌었을 것이다. 사람을 죽여 놓고 그 이유를 햇빛 운운하는 뫼루소의 답변은 아무래도 상식을 벗어난 무책임한 기행이 아닐 수 없다. 그러나 카뮈는 이를 오히려 예수의 처지와 같다고 말한다. 아무런 기적도 베푼 일이 없는 뫼루소가 자신의 모든 행위를 끝내 설명하지 않고 예수처럼 사회의 이름으로 처형됐기 때문이다. 그런 그에게 진실성이 없다면 예수에게도 그게 없을 수 있다는 설명이다.(中忖光夫.≪異邦人論≫ 참고) 엄청난 얘기다. 무슨 뜻일까?

이미 죽기를 작심한 뫼루소! 그는 사람이 사람을 죽였으니 당연히 죽어야 한다는 소박한 인간애를 실천하고 있다. 자기 행동은 자기가 끝까지 책임지는 참다운 윤리의식의 발로다. 그는 법정이라는 것을 믿지 않는다. 불완전한 법전을 놓고 불완전한 법조인들이 모여 발라 맞춘 머리싸움 하는 곳이 바로 법정이 아니던가. 그리하여 뫼루소는 판결 이전에 이미 다가오는 죽음의 명증을 기꺼이 의식하면서 요식 행위로 그냥 햇빛 운운하고 만 것이다. 그것은 사실 햇빛이 아니라 바람 소리면 어떻고 파도 소리면 어떤가. 그러나 그것은 거짓말이나 변명이 아니다. 일종의 아이러니다. 마치 일제 때 우리 독립투사들이 법정에 끌려나와 오직 독립투쟁의 사실만을 떳떳이 주장하고 그 밖의 것은 어떤 것도 인정하지 않았던 의연함과 흡사하다. 뫼루소의 죽음을 예수의 죽음 이상의 진실로 풀이한 것은 바로 이 같은 인간 위주의 현실을 보다 중시한 탓이다.

이렇게 따지고 보면 뫼루소는 햄릿과 맥이 닿는 게 아니라 돈키호테에 이어진 행동적 인간형이 아닌가. 그렇다면 ㄱ과 나는 같은 유형이 되는가? 지난날 서로 돕기도 하고 겨루기도 하며 주고받았던, 이 대단찮은 사연들을 간추리고 보니 ㄱ과 나는 어쩔 수 없는 좋은 친구 사이다. 그러나 아무리 제 행동을 제가 책임진다 해도 과연 뫼루소처럼 그렇게 기꺼이 죽음과 랑데부할 수 있는 사람이 몇이나 될까. 뫼루소형? 얼굴이 확확 거린다. 아무래도 ㄱ을 찾아 시원한 약주라도 몇 잔 나눠야 할 것 같다. 그런 정회가 붕긋이 인다.

(1999)

여로의 문학

1. 들어서며

수필과 에세이는 같은 것인가, 다른 것인가? 김봉구의 글을 대하면 그런 의념과 함께 새삼 그에 대한 정리의 필요성을 느낀다. 누가 보아도 어김없는 한 편의 수필을, 틀림없는 일문의 비평을 그는 구분 없이 에세이라는 이름으로 한 책에 담고 있기 때문이다.

> 보통 수필이라 하면, 붓 가는 대로 자유로이 견문, 체험, 감상, 소론 등을 써 모은 것으로 그 내용도 일기적, 기행적, 감상적, 사색적, 고증적인 것 등등으로 실로 가지가지 각도에 걸치는 것이다.

에세이라고 하는 것도 보통 자기의 감정을 때에 따라 생각나는 대로 서술한 산문이라 할 수 있는 것으로, 그 형태를 크게 나누어 주지적, 객관적인 학술상의 논문에 가까운 것과 주정적, 주관적인 문예작품적인 것으로 대별할 수 있다고 보는 것이 상식이다.

하나 현행 우리 문단에서는 전자의 것보다는 오히려 후자의 것을 수필문학으로 취급하는 것이 상례로 되어 있다.

– 김열규, 〈국문학상에서 본 수필문학〉

위의 논지에 따르면 김봉구의 글은 '사색적, 고증적인 소론'을 쓴 수필이기도 하고, 그 형태가 '주지적, 객관적인 학술상의 논문에 가까운' 에세이이기도 하다. 그러나 우리 문단에서 '주정적, 주관적인 문예작품적인 것을 수필문학으로 취급하는 것이 상례'인 점을 고려하면 수필이라기보다는 에세이라고 해야 옳다.

다시 김춘수의 견해를 들어본다.

에세이는 …… 수필이라는 한문자가 의미하는 바와 …… 다른 또 일면을 가지고 있는 것이다. 그것은 소론이니 소고니 하는 말로 불려진다. …… 철학적인 또는 사상적인 것을 논리적으로 체계화하지 않고 단편적으로 적은 글을 말한다. ……

에세이가 대상하는 대상은 …… 인간이 생각할 수 있

는 모든 것이다. …… 각 과학은 그 과학에 관한 에세이를 가질 수 있다. 철학에 관한, 자연과학에 관한, 문학에 관한 에세이를 가질 수 있는 것이다.

우리나라에서처럼 문예평론이라는 것이 10~30매 정도의 단편적인 짧은 문장으로 잡지나 신문에 게재하는 경우는 더 말할 나위도 없이 문예평론은 문예에 관한 에세이인 것이다.

– 김춘추, 〈에세이와 현대정신〉

수필이 '가지가지의 각도에 걸치는 것'이라는 김열규의 견해나 에세이의 대상이 '인간이 생각할 수 있는 모든 것'이란 김춘수의 설명이나 사실 비슷한 말이다. 그러고 보면 수필이란 말을 영역한 것이 에세이인지, 에세이를 우리말로 옮긴 것이 수필인지 아리송해진다.

그러나 무릇 체계화하지 않는 단편적인 소론, 소고 따위를 '……에 관한 에세이'로 규정한 김춘수의 설명은 명쾌하다. 그것은 '우리 문단에서 주정적, 주관적인 문예작품적인 것을 수필문학으로 취급하는 상례'에 비하면 한결 그 폭이 넓다. 그리하여 잡지나 신문에 게재하는 10~30매 정도의 단편적 평론은 말할 나위도 없이 문예에 관한 에세이라고 규정한다. 그런 시각에서 보면 수필은 에세이 속에 내포된 작은 범주의, 같은 장르 같기도 하다.

김붕구의 글은 그런 의미에서 〈여수〉('69), 〈개 족보와 핵가

족〉('72), 〈관악골짜기의 영춘곡〉('79) 등 약간의 작품을 제외하고 수필이라기보다는 주제가 있는, 문예에 관한, 특히 '불문학에 관한 에세이'라고 해야 맥락이 선다. 에세이집 ≪서울과 파리의 마로니에≫('79)는 말할 것도 없고, 평론집인 ≪現實과 文學의 秘苑≫('62), ≪佛文學散考≫('58)도 저자 자신이 다 에세이집으로 분류하고 있다.

2. 에세이의 목장과 용어 바꾸기

현실을 살면서도 항상 또 다른 현실을 추구하는 것이 우리 삶이다. 의식주에 쫓기면서도 보다 가치 있는 삶을 찾고 아름다운 서정에 안기고 싶어하는 것이 바로 우리 인생이다. 문학하는 사람들은 그런 의미에서 '사회인, 생활인으로서 몸담고 사는 1차적 현실세계'를 살면서 2차적으로는 '상상 · 추상 · 재구성의 세계, 혹은 그것으로 빚어진 작품들과 그 밖의 자신의 추억 · 연상 · 몽상의 세계'를 사는, 말하자면 이중구조를 누리고 있는 것이다.

말이 이중구조지 2차적 세계에 생애를 건 사람들은 거의 1차적 세계의 삶을 최소화한 편향된 사람들이다. 물질적 가난을 감내하면서 고달픈 그 도정을 허위허위 달리는 사람들이다. 그러나 그들은 그것이 아무리 힘들고 어려워도 그렇기 때문에 더욱 그 속에서 그들만의 풍성한 삶의 보람을, 진선미를 만끽

하고 있다 할 것이다.

프랑스 문학의 세계를 제2의 시·공으로 삼고, 그에 생애를 건 김붕구는 스스로 그 도정을 참으로 '멀고 먼 문학의 여로'라고 피력한다. 그리하여 그는 자신의 존재와 기능을 작가의식의 재인식, 경험의 재경험을 통한 축적 속에 세우면서 "그동안 설악이나 서귀포, 혹은 소금강 같은 절경에 심취되어 꽤 오래 머무르며 탐방한 것도 더러 있어…… 그때그때 메모한 것들, 이를테면 '여로 수첩' 같은 것도 꽤 많이 쌓여 있다." 고 저간의 사정을 털어놓는다.

그러나 그는 그 과정 속에서 제1, 제2의 시·공이 말처럼 확연히 분리되지 않는 흐릿하고 애매한 현실을 경험한다. 그리고 주목할 만한 증언을 한다.

> 그렇게 절연히 갈라놓을 수 있는 것은 관념뿐이고, 실제로는 그 경계도 모호하려니와, 서로 넘쳐 침범하거나 서로 배어드는 중간지대가 있다. 순수와 권위를 고수하려는(의식적이 아니라도 대개는 습관에 끌려) 창작과 비평 양쪽이 모두 무시(혹은 멸시)하거나 기피하는 그 중간지대가 바로 문학 '에세이'가 즐겨 차지하는 안성맞춤의 목장이다.
>
> – 二重의 時空, 머리말을 겸하여

중간지대? 그게 문학 '에세이'의 목장이라고? 그렇다면 그의

'멀고 먼 문학의 여로'에서 그가 심취되어 그때그때 메모한 것들은 다 무엇이며 어찌된 것인가? 그것은 순수와 권위를 고수하려는 학문이나 혹은 창작과 비평 쪽에 그 대종을 넘겨주고 이도 저도 아닌 버려진 나머지 것들을 따로 모아 목장을 꾸미고 에세이를 가꾸었다는 뜻이 아닌가. 김붕구는 스스로 그 목장에서 이삭 줍듯 에세이를 모았다고 하니, 그의 에세이는 바로 문학이라는 학문의 낙수 아니면 서재의 여적 같은 문학에 관한 편린들임을 쉽게 알 수 있다.

중간지대는 1·2차적 시·공 어느 쪽에나 다 있다. 이삭도 물론 양쪽에서 다 주울 수 있다. 그러나 대체로 전자 쪽이 현실적이고 동태적인 것이라면, 후자 쪽은 관념적이고 정태적인 것이라 할 수 있다. 김붕구의 에세이는 이 두 시·공을 부지런히 넘나들며 현실적이고 동태적인 것에는 관념적이고 정태적인 것을, 관념적이고 정태적인 것에는 현실적이고 동태적인 것을 접목하여 그 격을 조율하고 있다.

> 문학이건 사랑이건…… 병으로 끝나지 않고…… 생애를 걸게 되면…… 그것은 이미 정열만으로 되지 않는 필생의 업이다. …… 지속적이고 건실한 말로 용어를 바꾸어야 한다. 용어를 바꾼다는 것은 지식과 현실과의 거래를 체험의 지혜로 조절한다는 뜻이다.
>
> – 소년 시절의 문학 · 사랑

김봉구 에세이의 키워드는 바로 이 용어 바꾸기라 할 수 있다. 지식의 용어와 체험의 용어를 활력 있게 섞바꾸면서 지속적이고 견실한 말을, 아니 그런 이삭을, 그런 감동을 형상화하는 일이다. 예를 들면 다음과 같은 것이다.

> 이가 꾀기 시작했다. …… 그것으로도 부족하다는 듯이 구토 설사에 학질까지 걸리고 말았다. 베케트의 ≪고도를 기다리며≫의 거지도 ≪놀이의 끝≫의 쓰레기통에 갇힌 병신들의 몰골이나 처지도 그보다 더할 것은 없으리라.
>
> – 보들레르를 찾아서

6 · 25 전쟁 당시, 인민군에게 끌려갔을 때의 자신의 참상을 얘기한 대목이다. 그는 휴전 후 그의 문학의 여로에서 베케트를 만나 스스럼없이 이를 대응한다. 독자에겐 베케트를 읽지 않고선 그 깊이를 헤아리기 어렵게 한 일이지만, 달리 보면 그에 대한 호기심을 불러일으키고 설사 읽지 못했다 해도 연상을 통한 그의 일면을 짐작게 한 일이기도 하다.

베케트는 거창한 세계의 부조리 속에서 의미 없이 죽어가고 또 그런 죽음을 기다리는 절망적인 인간의 조건을 니힐(허무)하게 묘사한 작가다. 이른바 반연극의, 아니 누보로망의 선구자이기도 하다. ≪고도를 기다리며≫나 ≪놀이의 끝≫은 희곡이면서도 오히려 움직임이 적고 대화가 없는 희한한 작품이다. 거기 등장하는 거지 · 병신들의 몰골이나 처지가 처절한 동족상잔의 부조리에 휘말린 김봉구의 절망을 더없이 부각시킨 것이다. 김봉구는 말하자면 그런 정교하고 치밀한 허구의 세계를 자신의 체험에 접목하는, 바로 그 지속적이고 견실한 용어 바꾸기를 한 것이다.

3. 중간지대에 핀 얘기꽃들

이도 저도 아닌, 아니 이것저것 다 포함된 여로의 중간지대란 대체로 잡답한 곳이다. 가파른 길도 벼랑길도 아닌 반반한 공간, 올라온 길을 굽어보고 또 올라갈 길을 추스르는 그런 지점, 버려진 부스러기도 많고 노상 왁자지껄한 곳이다. 김봉구는 그곳에서 잠시 신들메를 풀고 다채로운 작가들의 의식이나 경험을 느긋하게 다시 사는, 에세이라는 얘기꽃들을 피운다. 그 가운데 1 · 2차 시 · 공에서 하나씩 주목되는 얘기를 간단히 살펴본다.

먼저 걸출한 여인들과 작가나 시인 혹은 학자들 사이에 얽힌 얘기다.

김봉구는 멀리 프랑스의 첫 단편집 《칠일담七日譚》의 저자이기도 한 나바르 왕비와 시인 클레망 마로와의 관계를 비롯해서 데카르트에게 《정열론》 집필의 계기를 준 스웨덴의 크리스틴 여왕, 볼테르에게 호화로운 생활 속에서 창작과 연구를 전념케 한 샤틀레 부인, 루소에게 은신처를 제공해준 에피네 부인, 또 ≪신 에로이즈≫를 낳게 한 우드토 부인, 보들레르에게 ≪악의 꽃들≫을 낳게 한 쟌느 뒤발, 마담 사바티에, 마리 도브렁 등등의 사랑과 후원에 대한 이야기를 들먹이고 다음과 같이 말한다.

> 서구사회에서는 …… 전근대적인 귀족사회 때부터 유명한 사교계의 귀부인들이 대개 문화의 추진 전위 구실을 하는 학자 예술가들의 거의 공공연한 애인 겸 후원자의 역을 담당한 묘한 전통이 개방의 길을 터놓고 있다.
>
> – 여걸(女傑)들의 사랑과 재능의 점화(點火)

과연 19세기 후반, 루 살로메(1861~1937)의 등장은 이를 실증이라도 하듯 구라파 지식인 세계에 파문을 일으킨다. 그녀는 17세의 나이에 벌써 가정을 탈출한 러시아의 한 장군의 딸이다. '뛰어나게 총명하고, 비상하게 격정적이며, 무섭도록 의지 강한 미모의 여걸'로 그녀에게 홀린 당대의 명사가 한둘이 아니다. 40대 후반의 저명한 신학자이자 목사가 무릎을 꿇는가 하면, 그녀를 지도한 취리히 대학 교수들이 줄줄이 경탄 매혹된다. 독일 철학자 레와 니체의 열애, 뒤이은 극작가 하우프트만, 이미 결혼한 젊은 시인 릴케와의 오랜 내연, 끝으로 프로이트, 그 중간에도 언어학자, 고고학자, 의학자들이 즐비

했으니 그녀의 편력은 참으로 놀랍고 희한한 일이다. '이 같은 개척자가 있기에 20세기 중엽의 시몬느 드 보봐르와 사르트르의 계약결혼 같은 것도 쉽게 이루어지고 무난히 용납된 것'이라고 김붕구는 풀이한다.

묘한 것은 여걸과 열애한 남성들은 '마치 그녀의 마력에 감전되어 재능과 생명과 활력이 홀연 접선 점화되기라도 하듯이' 명저들을 낸다는 사실이다. 38세의 니체가 21세의 살로메에게 빠진 사랑의 환희, 고뇌, 절망 가운데 ≪짜라투스트라≫를 낸 것이나 보봐르가 사르트르에게 그 접선 점화작용으로 용기를 불어넣고, 역으로 그로부터 작가로서의 기량을 지도받아 더불어 명성을 얻은 것은 다 같은 맥의 실례에 속한다. 김붕구는 이 같은 시각의 많은 얘기들을 밤 깊은 줄 모르게 들려준다.

다음으로 눈에 띈 건 인텔리 스노브들에 관한 비판이다

2차적 시·공인 문학의 여로를 편력한 지 실로 30여 년, 김붕구는 마침내 그 모태인 1차적 시(1967~68)·공(파리)에 여장을 푼다. 끝없이 펼쳐진 질펀한 평야를 보면서 '이 풍요한 농촌이 떠받들고 있는 이 높은 지대는 차라리 하나의 정상'이라고 느낀다. 과연 그는 '20세기의 소녀 프랑소와즈 사강이 얄팍한 소설 한 권으로 파리의 화제가 되자, 삽시간에 온 세계로, 까마득히 내려다보이는 낮은 지대에까지 퍼져 이목을 집중시킴'을 보고 "계곡의 거목이 아무리 발돋음을 해보았자, 도저히 어깨를 겨룰 수가 없게끔 되어 있다."고 그 높은 지대의 위상을 자조적으로 긍정한다.

그러나 그 높은 지대에서 김붕구는 뜻밖에 저널리즘이 밀착된 문화 표면층의 '지식으로 아는 것'이 판을 치는, 신기취미와 소란스러운 지랄 같은 현상을 목도한다.

> 말끝마다 '혁명적', '비상한', '아방가르드', '미제국주의' …… 등 그 밖의 그때그때 유행하는 낱말을 입버릇처럼 뇌까림으로써 '진보적'인텔리인 체하는 부화뇌동배들.
>
> – 인텔리 스노브들과 사회 · 정치

바로 그 무리들이 미국의 월남전을 하루도 거르지 않고 규탄함을 본다. 까마득히 낮은 지대의 일을 파리가 마치 그 동심원의 중심이나 된 듯 여론을 휘몰고 삽시간에 그것이 온 세계로 퍼지는 왁자지껄한 지랄들을 본다. 그리하여 김붕구는 미국을 규탄하는 이른바 '러셀 재판'의 의장직을 맡은 사르트르의 앙가주망을 이런 스노브들에 대한 영합의 일환으로 보며, 그것이 우리 6 · 25 전쟁을 북침으로 몰았던 어처구니없는 실체라고 지적한다. 말만의 참여에 대한 논리와 도식성을 비판한 것이다. 개인주의를 그토록 자랑하는 프랑스에서 왜 걸핏하면 엉뚱한 외곬으로 여론이 몰리는지, 그 부화뇌동의 실상이 얼마나 허황된 것인가를 낱낱이 들춰낸다.

고다르 역시…… 영화마다 주체와는 전혀 관계없는 월남전 장면을 삽입하는 상투 수법으로…… 아니면 전위예술답게 되도록 지루하고, 되도록 무슨 영문인지 모를 장면을 이어 나간다.

로브 그리에는 '내 미학은 깊이를 거부한다.' '일체 사물에 대하여 의미를 주지 않는다.'고 공언한다.

– 인텔리 스노브들과 영화·문화

무슨 영문인지 모르기 때문에 오히려 화제가 되고 해설이 붙고 스노브들이 와르르 몰려드는 현실. 깊이를 거부하는 미학에 대해서, 의미를 부여하지 않는 사물에 대해서, 한사코 토막들을 이어대며 무슨 상징이니 무슨 의미니 하며 아는 체 폼을 재는 인텔리스노브들의 그 어설픈 코미디! 김봉구는 바로 그 코미디의 현실을 단호히 비판한다.

4. 마무리

김봉구의 글은 그 대종이 평론 성향의 글이다. 통념적 시각에서 보면 수필이라기보다는 서구적 의미의 에세이다.

그 에세이의 산지는 그가 산 1 · 2차 시 · 공의 중간지대다. 잠시 신들메를 풀고 올라온 길을 굽어보고 또 오를 길을 추스르는 바로 휴식의 목장, 사회적인 나와 창조적인 나가 따스하게 손을 잡는 곳이다. 그래서 얘깃거리가 풍성하다.

방법은 말바꾸기, 1차적 시·공의 현실 경험을 2차적 시·공의 관념 체계에 접목하여 격을 더하고 역으로도 '머리를 통해 안 것을 현실을 통해 익혀 아는', 말하자면 지속적이고 건실한 말로 그 용어를 바꾸는 것이다. 그의 에세이는 그래서 학문의 낙수, 서재의 여적 같은 '문학에 관한 에세이'가 대종이다.

이런 '……에 관한 에세이' 즉 각 과학의 주제 에세이들을 우리 수필 문단이 어떻게 수용해야 할 것인지는 풀어야 할 과제가 아닌가 싶다.

(1999)

■ 연보

- 전남 구례 태생
- 충남 천안 거주
- 성균관대 · 고려대 교육대학원 졸
- 중등교장 · 장학관 역임. 천안 여중서 법정 퇴임
- 한국국공립중학교장회 · 한국교육행정연수회 충남회장 역임
- ≪수필공원≫으로 등단 · 수필산책문학회 회장 한국수필문학진흥회 부회장,≪수필공원 · 에세이문학≫ 편집위원 역임
- 덕성여대 평생교육원 현대수필 강사 역임
- 수필집 ≪그러나, 그렇지만≫, ≪미완의 설치 미술≫, ≪느리게, 그러나 자유롭게≫ 공저 ≪수필산책≫, ≪숲을 바라보며≫외 다수
- 백제문학대상 · 충남문학대상 · 신곡문학대상 수상

현대수필가 100인선 · 98
최병호 수필선

세수할 줄 모르는 미인

초판인쇄 | 2011년 8월 5일
초판발행 | 2011년 8월 10일

지은이 | 최 병 호
펴낸이 | 서 정 환
펴낸곳 | 좋은수필사

주 소 | 서울시 종로구 익선동 30-6
운현신화타워 빌딩 3층 305호
전 화 | 02)3675-5635, 063)275-4000
등 록 | 1984년 8월 17일 제28호
홈페이지 | http://www.shin-a.co.kr
e-mail | essay321@hanmail.net

값 7,000원

ISBN 978-89-5925-367-8 04810
ISBN 978-89-5925-247-3 (전 100권)